ワンダーサイエンス

いきもの

がっかり超《ちょう》能《のう》力《りょく》図《ず》鑑《かん》

〔監修〕今泉忠明
〔文〕川嶋隆義
〔イラスト〕小堀文彦

がっかり

超能力《ちょうのうりょく》って聞《き》くと
どんなことを思《おも》い浮《う》かべますか？
空《そら》を飛《と》ぶ？　怪力《かいりき》を出《だ》す？
いえいえ、生物《せいぶつ》にとっては、
そんなのあたりまえ。

電撃《でんげき》！　暗視《あんし》！　死《し》んだふり！
乗《の》っ取《と》り！　吸血《きゅうけつ》！　大豪邸《だいごうてい》！
発光《はっこう》！　爆発《ばくはつ》！　いそうろう！
おどろくべき能力《のうりょく》を

いろいろ身《み》につけています。
でもね。ときにその超能力《ちょうのうりょく》が、
なんだかちょっとズレていて、
がっかりな一面《いちめん》ももっているのです……。

そんな、思《おも》わずツッコミを入《い》れたくなってしまう、
すごいけど、クスッと笑《わら》えちゃう
生物《せいぶつ》の超能力《ちょうのうりょく》を、たっぷりお見《み》せいたします！
きっと、もっと、
いきものたちが好《す》きになるはずです！

超能力《ちょうのうりょく》！

もくじ

第《だい》1章《しょう》 すごい体《からだ》……11

第《だい》2章《しょう》　すごい武器《ぶき》……43

第《だい》3章《しょう》 すごい防具《ぼうぐ》・すごい我慢《がまん》……71

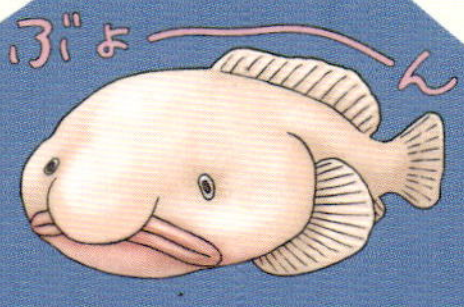

第《だい》4章《しょう》　すごいプロポーズ・すごい家《いえ》……95

第《だい》5章《しょう》

すごい子育《こそだ》て・すごい成長《せいちょう》……113

第《だい》6章《しょう》 すごい生《い》き方《かた》……133

この本《ほん》の使《つか》い方《かた》

1ページ、または2ページずつ、いきものの「がっかり超能力《ちょうのうりょく》」を解説《かいせつ》しています。テーマによって6章《しょう》に分《わ》かれているので、テーマごとに読《よ》んでもいいですし、好《す》きなところから開《ひら》いても楽《たの》しいですよ！

● 生息域《せいそくいき》・生育域《せいいくいき》
生物《せいぶつ》のすんでいる環境《かんきょう》を記《しる》しています。さまざまな環境《かんきょう》に暮《く》らす場合《ばあい》は、代表的《だいひょうてき》な場所《ばしょ》を示《しめ》しています。

● 超能力名《ちょうのうりょくめい》
ことばや文字《もじ》の意《い》味《み》は、辞書《じしょ》で調《しら》べてみましょう。

● いきもの名《めい》
しょうかいしている生物《せいぶつ》の名前《なまえ》と、大《おお》きな分類群《ぶんるいぐん》です。

● タイトル
101項目《こうもく》におよぶ、さまざまな生物《せいぶつ》のキャッチフレーズです。

森
超刺突
魔の吸血チーム
ハシボソガラパゴスフィンチ
鳥類
チクっとする
へへへ〜
こっちこっち
血だけでなく昆虫なども食べる。吸血行動が見られたのは、1980年代からだという。
ガラパゴスフィンチは　ガラパゴス諸島にちらばって暮らしています。もとは同じ鳥だったのですが、それぞれの島で、独自の食べものや生活に合わせ、くちばしなどがちがう形に進化していった鳥です。
そのうちのハシボソガラパゴスフィンチは、同じ島のカツオドリという大型の鳥の生き血を飲みます。なかまがカツオドリをつつき、気を引くあいだに、別の1羽が後ろから、細長く進化したくちばしで傷をつけて血を吸うという知能犯ぶり。吸う量は少しでも、まっ白なカツオドリの羽毛が血に染まるので、ショッキングなシーンです。
ガラパゴスフィンチの別名はダーウィンフィンチ。ダーウィンが進化論のヒントにしたといわれますが、じつはダーウィンはこの島には注目していなかったんですって。
★分類：スズメ目フウキンチョウ科　★大きさ：13cm　★分布：ガラパゴス諸島
60
淡水
超擬餌
強面のルアー名人
ワニガメ
爬虫類
水中で獲物を待ちぶせ。首やあしは甲らの中に引っこめられない。
ゴツゴツした全長1m近くの体に、するどくとがった口先。かむ力はとても強く300〜500kgといわれ、貝やザリガニ、ほかのカメもかみくだいてしまいます。
おそろしげな口の中には、あざやかなピンク色の細い舌が見えます。かわいらしいと思ったら、これがワニガメのわな。水中でひらひらと動かして、獲物の小魚をおびきよせてパクッと食べてしまいます。首のまわりのとげは水の流れを感じ、獲物の存在を知る流体感知センサー。こういのに小技が効いています。
近年、都市部の池などでも発見され、外来生物として悪者にされがちです。なのに原産地では食用やペット用にとられすぎて数を減らしているのだとか。ワニガメにとっては迷惑な話です。
61
★分類：カメ目カミツキガメ科　★大きさ：甲長40〜80cm　★分布：北アメリカ

★ 分類《ぶんるい》
生物《せいぶつ》の分類《ぶんるい》です。

★ 大《おお》きさ
哺乳類《ほにゅうるい》は体長《たいちょう》で、そのほかの生物《せいぶつ》はおもに全長《ぜんちょう》です。それ以外《いがい》の場合《ばあい》は、とくに測《はか》り方《かた》を記《しる》しています。

★ 分布《ぶんぷ》
この生物《せいぶつ》が見《み》られる地域《ちいき》です。

体長《たいちょう》（鼻《はな》の先《さき》から尾《お》のつけ根《ね》まで）
全長《ぜんちょう》（鼻《はな》の先《さき》から尾《お》の先《さき》まで）　※おもな生物《せいぶつ》の例《れい》

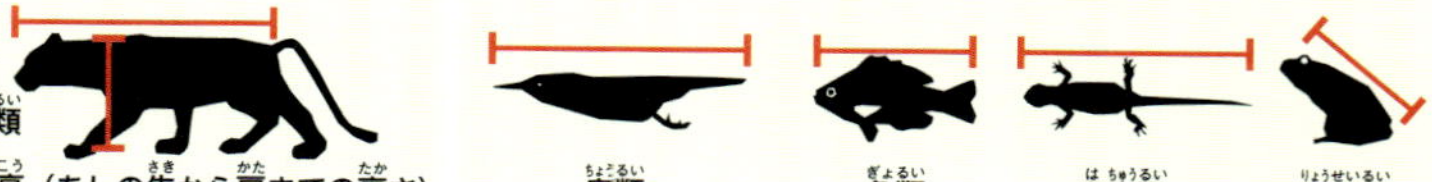

哺乳類《ほにゅうるい》
肩高《けんこう》（あしの先《さき》から肩《かた》までの高《たか》さ）
鳥類《ちょうるい》　魚類《ぎょるい》　爬虫類《はちゅうるい》　両生類《りょうせいるい》

第《だい》1章《しょう》

すごい体《からだ》

進化《しんか》する体《からだ》

フェネックという動物《どうぶつ》を知《し》っていますか？　アフリカ北部《ほくぶ》の砂漠《さばく》に暮《く》らしている、体長《たいちょう》40㎝ほどの小型《こがた》のキツネで、大《おお》きな耳《みみ》がめだちます。この耳《みみ》は暑《あつ》い気候《きこう》の砂漠《さばく》の生活《せいかつ》に役立《やくだ》っていて、放熱《ほうねつ》するはたらきがあるので体《からだ》に熱《ねつ》がたまりません。まるで自動車《じどうしゃ》のラジエーターのような役割《やくわり》です。それに、音《おと》をよく聞《き》くことができるので、砂《すな》の中《なか》を動《うご》くネズミなどの獲物《えもの》の動《うご》きを知《し》ることができます。

フェネックは砂漠《さばく》に合《あ》った体《からだ》をもっていますが、ほかのいきものたちも同《おな》じように、暮《く》らしている環境《かんきょう》に合《あ》った体《からだ》のしくみを手《て》に入《い》れています。どうやって、いきものたちは体《からだ》をつくりかえていくのでしょうか？　暑《あつ》くなったからといって、いきなりニョキニョキと耳《みみ》がのびてはきません。

いきものたちが残《のこ》す子孫《しそん》は、いつでもまったく同《おな》じ性質《せいしつ》を

大《おお》きな耳《みみ》から放熱《ほうねつ》するフェネック。

受《う》けついで生《う》まれてくるわけではなく、少《すこ》しずつちがう性質《せいしつ》をもって誕生《たんじょう》しています。そして、環境《かんきょう》が変《か》わるなどしたときに、その環境《かんきょう》に合《あ》った体《からだ》のものが生《い》き残《のこ》って子孫《しそん》を残《のこ》していくことになります。これが「適応《てきおう》」という現象《げんしょう》で「進化《しんか》」の大《おお》きな一面《いちめん》です。フェネックも最初《さいしょ》は少《すこ》し大《おお》きめの耳《みみ》をもつものが誕生《たんじょう》し、砂漠《さばく》という環境《かんきょう》のなかで有利《ゆうり》にはたらき、その特徴《とくちょう》が子孫《しそん》に受《う》けつがれていき、今《いま》のようになったと考《かんが》えられています。反対《はんたい》に北極圏《ほっきょくけん》に暮《く》らすホッキョクギツネの耳《みみ》はとっても小《ちい》さなものです。

　フェネックは、イヌ科《か》のなかで最小《さいしょう》の動物《どうぶつ》です。これもじつは暑《あつ》さに対《たい》する適応《てきおう》。大《おお》きな体《からだ》は熱《ねつ》をためるので、同《おな》じなかまでも、北《きた》の寒《さむ》い地方《ちほう》では大《おお》きく、暑《あつ》い南《みなみ》の動物《どうぶつ》は小《ちい》さいものほど有利《ゆうり》です。ホッキョクグマやヒグマは大《おお》きく、マレーグマやナマケグマは小《ちい》さいのがその例《れい》です。

　いきものの体《からだ》。どうしてそうなったか理由《りゆう》を考《かんが》えると、進《しん》化《か》をのぞき見《み》ることができておもしろいですよ。

ホッキョクギツネ。体温《たいおん》がうばわれないように、耳《みみ》だけでなく鼻面《はなづら》も短《みじか》い。

散《さん》歩《ぽ》する鼻《はな》

アメリカバク

哺乳類《ほにゅうるい》

器用《きよう》にものをつかむことができる。

バクはずんぐりした体《からだ》に、長《なが》い鼻面《はなづら》が特《とく》徴《ちょう》です。鼻《はな》は上《うわ》くちびると一体《いったい》になって、のび縮《ちぢ》み自由《じゆう》で器用《きよう》に動《うご》かせます。ものをつかむこともでき、食《た》べものの葉《は》っぱやくだものを引《ひ》きよせてもぎとったり、さわって確《たし》かめたりすることができます。

すみかは、森《もり》の中《なか》の川《かわ》や湖沼《こしょう》の近《ちか》く。というのもバクは泳《およ》ぎが得意《とくい》で、ここでもその長《なが》い鼻《はな》が活躍《かつやく》します。水中《すいちゅう》ではシュノーケルのように鼻《はな》の先《さき》だけ出《だ》して息《いき》をすることができ、なんと5分《ふん》ももぐっていられます。水中《すいちゅう》で水草《みずくさ》を食《た》べることもあります。

大《おお》きな体《からだ》はしていても、角《つの》や強《つよ》いかぎづめのような、自分《じぶん》を守《まも》るための武器《ぶき》をもたないバクにとって、水辺《みずべ》は安全地帯《あんぜんちたい》。ピューマやジャガーなどの肉食動物《にくしょくどうぶつ》が現《あらわ》れると、すぐに

水中《すいちゅう》ではシュノーケルの役割《やくわり》をする鼻《はな》。

水中《すいちゅう》ににげこみます。

夜行性《やこうせい》のバクは、昼間《ひるま》は森《もり》のやぶの中《なか》でじっとしていて、夜《よる》になると水辺《みずべ》に移動《いどう》します。このとき、道《みち》すがらうんちをするのですが、食《た》べた植物《しょくぶつ》の種子《しゅし》もうんちになってばらまかれるので、森《もり》の植物《しょくぶつ》にとっては、種《たね》まきを手《て》伝《つだ》ってもらっているようなものです。

うんちは、水《みず》の中《なか》でもしています。人間《にんげん》がプールの中《なか》でうんちをもらしたとしたらヒンシュクですが、野生動物《やせいどうぶつ》にとって、うんちをするあいだは、敵《てき》におそわれやすい時間《じかん》。死《し》活問題《かつもんだい》です。水中《すいちゅう》だと、ぐっと安全性《あんぜんせい》が高《たか》まるというわけです。

現在《げんざい》バクはアメリカ大陸《たいりく》に3種類《しゅるい》、アジアに1種類《しゅるい》がいますが、どれも絶滅危惧種《ぜつめつきぐしゅ》に指《し》定《てい》されていて心配《しんぱい》です。

★分類《ぶんるい》：奇蹄目《きていもく》バク科《か》　★大《おお》きさ：2m　★分布《ぶんぷ》：南《みなみ》アメリカ

超巨眼《ちょうきょがん》

闇《やみ》に光《ひか》る眼《め》

フィリピンメガネザル 哺乳類《ほにゅうるい》

頭《あたま》を回《まわ》して周囲《しゅうい》を見《み》るメガネザル。

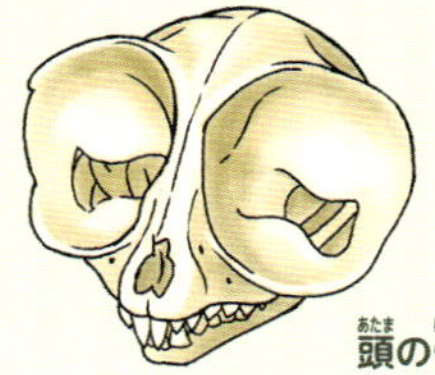

頭《あたま》の骨《ほね》は、半分以上《はんぶんいじょう》が目《め》の穴《あな》（眼窩《がんか》）！

とにかく目《め》が大《おお》きいメガネザルのなかま。体重《たいじゅう》は100gほどですが、眼球《がんきゅう》は2つで6g。ちなみに脳《のう》は3gと、目玉《めだま》1個分《こぶん》。頭《あたま》の骨《ほね》は、眼球《がんきゅう》が入《はい》る眼窩《がんか》でいっぱいです。夜行性《やこうせい》で、この大《おお》きな目《め》のおかげで、暗《くら》い夜《よる》の森《もり》でも光《ひかり》をたくさん取《と》り入《い》れられ、よく見《み》えるのです。逆《ぎゃく》に昼間《ひるま》は、明《あか》るすぎて、見《み》えなくなってしまいます。

この目玉《めだま》の不便《ふべん》な点《てん》は、大《おお》きすぎてほとんど動《うご》かせないこと。そのかわり首《くび》をま後《うし》ろまで回《まわ》せます。ホラー映画《えいが》の『エクソシスト』のようですが……。

ジャンプ力《りょく》は強力《きょうりょく》で最大《さいだい》3m。食《た》べものの昆虫《こんちゅう》を見《み》つけると、木《き》から木《き》へ飛《と》び移《うつ》って一気《いっき》にとらえます。暗闇《くらやみ》で遠《とお》くから獲物《えもの》を見《み》つけ、とらえる生活《せいかつ》を支《ささ》えるのが、この大《おお》きな目《め》なのです。

★分類《ぶんるい》：霊長目《れいちょうもく》メガネザル科《か》　★大《おお》きさ：12～14㎝　★分布《ぶんぷ》：フィリピン

超飛膜《ちょうひまく》

空《そら》飛《と》ぶ肋骨《ろっこつ》

スマトラトビトカゲ

爬虫類《はちゅうるい》

肋骨《ろっこつ》を広《ひろ》げて滑空《かっくう》する。

鳥《とり》やコウモリのように羽《は》ばたくのではなく、体《からだ》に空気《くうき》を受《う》ける膜《まく》「飛膜《ひまく》」をもち、グライダーのように滑空《かっくう》して移動《いどう》するいきものがいます。東南《とうなん》アジアの森林《しんりん》、木《き》の上《うえ》から別《べつ》の木《き》へと飛《と》び移《うつ》る、空飛《そらと》ぶ爬虫類《はちゅうるい》トビトカゲも、そのひとつ。

彼《かれ》らの飛膜《ひまく》は、哺乳類《ほにゅうるい》のムササビのように前後《ぜんご》のあしの間《あいだ》に張《は》っているのではなく、肋骨《ろっこつ》が長《なが》くのびてつばさのようになったもの。首《くび》の後《うし》ろにも「副翼《ふくよく》」とよばれる、皮《ひ》ふが小《ちい》さく広《ひろ》がった部分《ぶぶん》があります。敵《てき》からにげたり、食《た》べもののアリを探《さが》したりするときに飛《と》びます。飛行距離《ひこうきょり》は5～10ｍですが、種《しゅ》によっては18ｍほども飛《と》ぶものもいます。でも、肋骨《ろっこつ》はもともと内臓《ないぞう》を守《まも》る役割《やくわり》をもつ大事《だいじ》なもの。もし飛《と》んでいるときに、なにかにぶつかったらと考《かんが》えると不安《ふあん》です。

★分類《ぶんるい》：有鱗目《ゆうりんもく》アガマ科《か》　★大《おお》きさ：15～20㎝　★分布《ぶんぷ》：スマトラ島《とう》など

超狙撃《ちょうそげき》

スナイパー電光《でんこう》石火《せっか》

パンサーカメレオン

爬虫類《はちゅうるい》

樹上《じゅじょう》で暮《く》らす体《からだ》の能力《のうりょく》の数《かず》かず。

カメレオンは超能力《ちょうのうりょく》のかたまりのようないきものです。まずは、木《き》の上《うえ》で暮《く》らすのに適《てき》した体《からだ》。ミトンのような形《かたち》をしたあしは、木《き》の枝《えだ》を縦《たて》につかみやすく、尾《お》も自由《じゆう》に動《うご》かせて、ときには枝《えだ》に巻《ま》きつけて体《からだ》を支《ささ》えることも。尾《お》とあしをじょうずに使《つか》って、枝《えだ》から枝《えだ》へ移動《いどう》します。

お次《つぎ》は、くるくると変《か》わる体《からだ》の色《いろ》。保護《ほご》色《しょく》にもなりますし、感情《かんじょう》でも変化《へんか》します。カメレオンの体色《たいしょく》は、じつは色素《しきそ》ではなく、細胞《さいぼう》の中《なか》の結晶《けっしょう》が反射《はんしゃ》した色《いろ》なのです。

そして体《からだ》から盛《も》り上《あ》がって飛《と》び出《で》ている目《め》。ほぼ１８０度《ど》、ぐりぐりと動《うご》かすことができるので、３６０度全方向《どぜんほうこう》を見《み》ることができます。しかも左右別《さゆうべつ》べつに動《うご》かして、前《まえ》と後《うし》ろを同時《どうじ》に見《み》ることが可能《かのう》。まさに

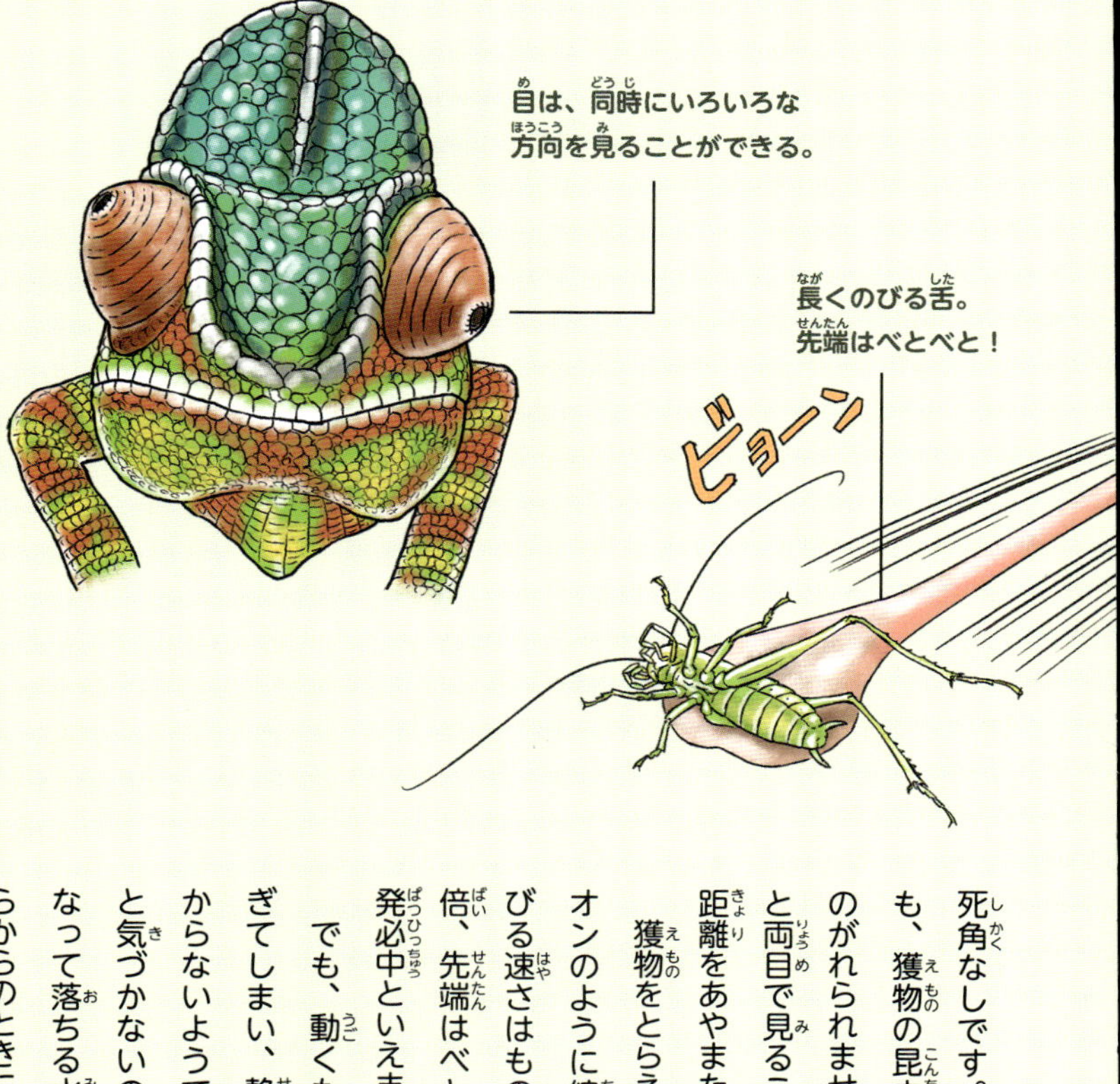

死角《しかく》なしです。どこからかねらってくる敵《てき》も、獲物《えもの》の昆虫《こんちゅう》も、カメレオンの視界《しかい》からのがれられません。獲物《えもの》を見《み》つけると、さっと両目《りょうめ》で見《み》ることで立体視《りったいし》することができ、距離《きょり》をあやまたずにねらえます。

獲物《えもの》をとらえるのは、ふだんはアコーディオンのように縮《ちぢ》んだ、体《からだ》よりも長《なが》い舌《した》。のびる速《はや》さはものが落《お》ちるスピードの２６４倍《ばい》、先端《せんたん》はべとべとの粘液《ねんえき》があり、ほぼ一《いっ》発必中《ぱつひっちゅう》といえましょう。

でも、動《うご》くものをとらえる体《からだ》に進化《しんか》しすぎてしまい、静止《せいし》しているものは、よくわからないようです。水《みず》だって動《うご》いていないと気《き》づかないので、雨《あま》だれとか、しずくになって落《お》ちる水《みず》しか飲《の》めません。のどがからからのときには、ちょっと不便《ふべん》ですね。

★分類《ぶんるい》：有鱗目《ゆうりんもく》カメレオン科《か》　★大《おお》きさ：35～53㎝　★分布《ぶんぷ》：マダガスカル島《とう》

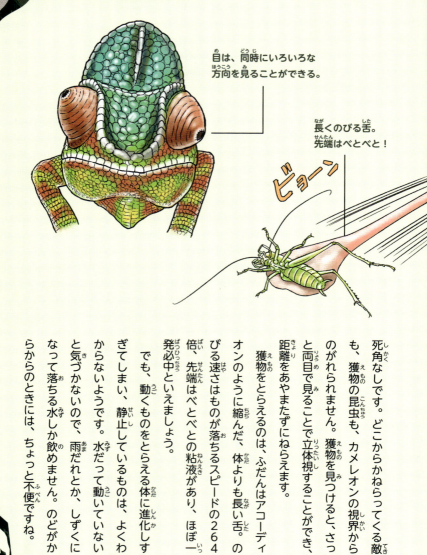

超穿孔《ちょうせんこう》

木《き》の中《なか》を撃《う》て！

アカゲラ 鳥類《ちょうるい》

木《き》をつつく衝撃《しょうげき》はすさまじいが、頭《あたま》のつくりがショックをやわらげる！

キツツキのなかまは、その名《な》のとおり木《き》をつつきます。ちなみにキツツキという名《な》の鳥《とり》はいませんが、キタタキというキツツキのなかまはいます。いずれにしても木《き》をつつきますが、その理由《りゆう》は食《た》べものの昆虫《こんちゅう》をとるため、なわばりをアピールするため、巣《す》をつくるためなどさまざまです。

大好物《だいこうぶつ》はかれ木《き》にトンネルを掘《ほ》って巣《す》くっている、カミキリムシの幼虫《ようちゅう》など。ニンコンと外側《そとがわ》からつついて虫《むし》の居所《いどころ》をさぐって穴《あな》をあけ、おもむろにトンネルに舌《した》を差《さ》しこむのです。舌《した》は長《なが》くて、なんとおでこの先《さき》から後頭部《こうとうぶ》をぐるっと回《まわ》ってのびています。舌《した》の先《さき》にはとげがあり、うまく穴《あな》の中《なか》の幼虫《ようちゅう》を引《ひ》っかけてとりだします。

まだまだこんなものではありません。キ

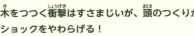

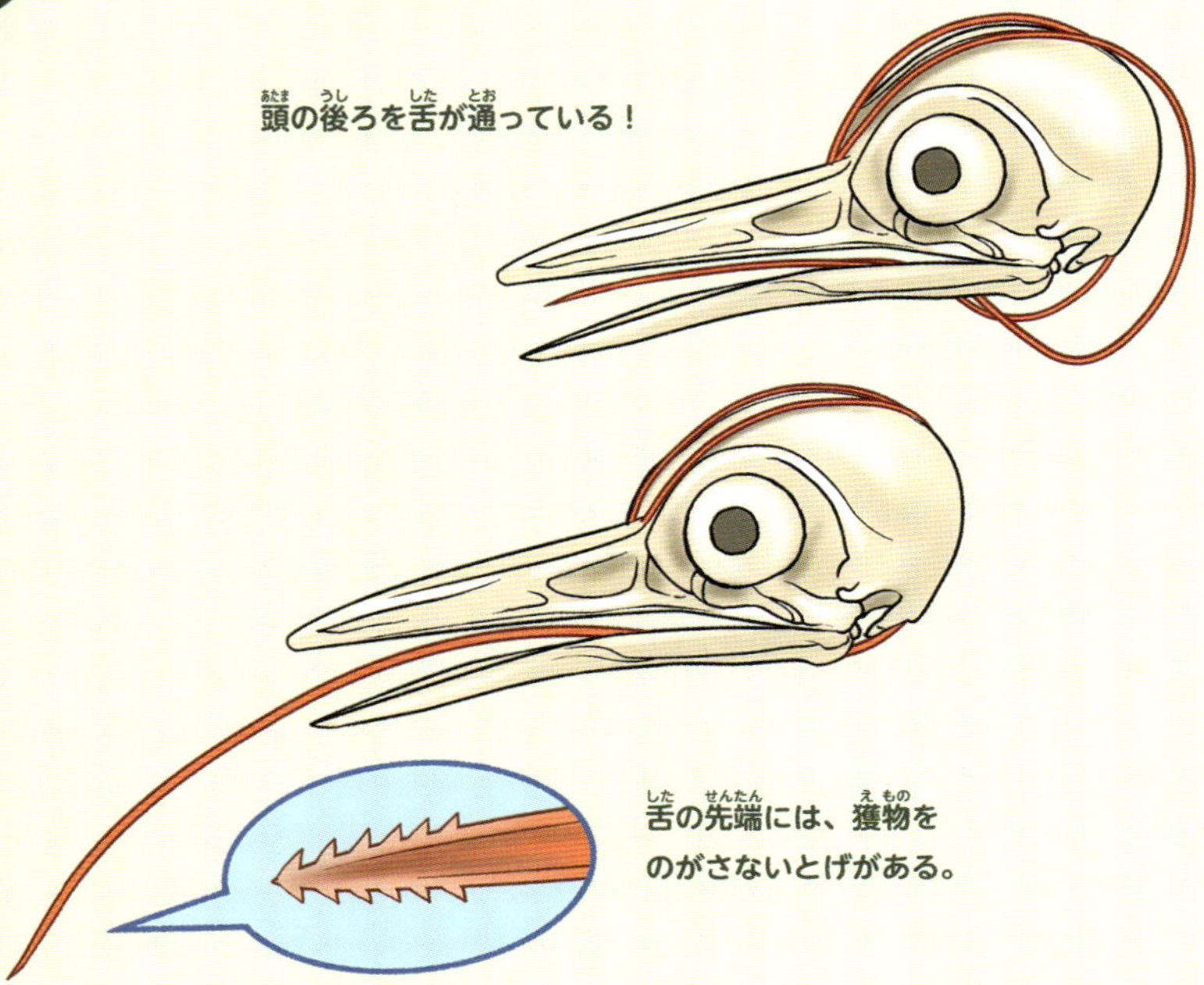

頭《あたま》の後《うし》ろを舌《した》が通《とお》っている！
舌《した》の先端《せんたん》には、獲物《えもの》をのがさないとげがある。

ツツキのつつきがハンパないのは巣穴《すあな》をあけるとき。かたい木《き》を大《おお》きく掘《ほ》るのですから、パワーも回数《かいすう》もたいへんなもの。1秒《びょう》間《かん》に20回《かい》、のみのようなくちばしをたたきつけます。頭《あたま》にかかる力《ちから》は重力《じゅうりょく》の1000倍《ばい》とも1200倍《ばい》ともいわれますが、キツツキの頭蓋骨《ずがいこつ》は衝撃《しょうげき》を吸収《きゅうしゅう》しやすいスポンジ状《じょう》なうえに、舌《した》が頭《あたま》の後《うし》ろを通《とお》るしくみもクッションになっているのです。ここだけの話《はなし》、脳《のう》みそが小《ちい》さいからとも。

「おれ、かっこいいだろう?」と、メスにアピールするためにつつくことを「ドラミング」といいます。大《おお》きくてよくひびく音《おと》を立《た》てたほうがもてるので、かわいたかれ木《き》や雨戸《あまど》の戸《と》ぶくろ、郵便受《ゆうびんう》け、ほかの鳥《とり》の巣箱《すばこ》もたたいて、住人《じゅうにん》には迷惑《めいわく》です。

★分類《ぶんるい》：キツツキ目《もく》キツツキ科《か》 ★大《おお》きさ：24㎝ ★分布《ぶんぷ》：北半球《きたはんきゅう》に広《ひろ》く分布《ぶんぷ》

超浮揚《ちょうふよう》

果《は》てしなき羽《は》ばたき

マメハチドリ

鳥類《ちょうるい》

マメハチドリ（実物大《じつぶつだい》）。

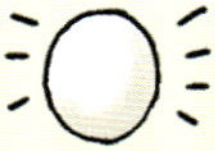

マメハチドリの卵《たまご》（実物大《じつぶつだい》）。

世界最小《せかいさいしょう》の鳥《とり》ハチドリ。なかでも最小《さいしょう》のマメハチドリは全長《ぜんちょう》6㎝、体重《たいじゅう》2ｇしかありません。1円玉《えんだま》2枚分《まいぶん》の重《おも》さです。小《ちい》さいのも魅力《みりょく》のハチドリですが、そのすごさは飛行《ひこう》にあります。飛《と》びながらその場《ば》で静止《せいし》する「ホバリング」ができるのです。

カワセミやチョウゲンボウなど、少《すこ》しの時間《じかん》ホバリングができる鳥《とり》はいます。しかし、長時間《ちょうじかん》、高速移動《こうそくいどう》し、しかもバックもするなど、ホバリングしながら自由自在《じゆうじざい》に飛《と》べる鳥《とり》はハチドリのほかにはいません。

この特殊《とくしゅ》なホバリングをするためには、毎秒《まいびょう》50回以上《かいいじょう》、最高《さいこう》で毎秒《まいびょう》80回《かい》も羽《は》ばたく必要《ひつよう》があります。ただ羽《は》ばたくだけではこの回数《かいすう》はムリ。8の字《じ》をえがくようにつばさを動《うご》かすことで、可能《かのう》になるのです。こ

飛行《ひこう》するときは、８の字《じ》をえがくように羽《は》ばたく。羽《はね》をふり上《あ》げたときも、ふり下《お》ろしたときも、体《からだ》を浮《う》かせる「揚力《ようりょく》」を生《う》み出《だ》すのは、昆虫《こんちゅう》とハチドリのみ!?

のときの羽音《はおと》が、「ブーン」とハチのようなのでハチドリとよばれています。

ハチドリの主食《しゅしょく》は花《はな》の蜜《みつ》。ホバリングをするには、体重《たいじゅう》の30％をしめるといわれる胸《むね》の筋肉《きんにく》をフル稼働《かどう》。当然《とうぜん》エネルギーの消《しょう》費《ひ》も激《はげ》しいのです。そのため、自分《じぶん》の体重《たいじゅう》の1・5倍《ばい》もの蜜《みつ》を吸《す》わなくてはなりません。食《た》べていないと死《し》んでしまうのです。食《た》べものが少《すく》ない冬《ふゆ》の夜《よる》などは、体《からだ》の機能《きのう》が最小限《さいしょうげん》におさえられ、ふだんは42℃ある体温《たいおん》が9℃にも下《さ》がってしまいます。毎日《まいにち》冬眠《とうみん》しているようなものです。

とてつもない飛行《ひこう》の進化《しんか》をとげたハチドリですが、じつは、ほとんど歩《ある》けません。自由《じゆう》に飛《と》べるようにはなりたいものの、捨《す》てないといけないものも多《おお》いようです。

★分類《ぶんるい》：アマツバメ目《もく》ハチドリ科《か》　★大《おお》きさ：6㎝　★分布《ぶんぷ》：キューバ

無《む》音《おん》の恐怖《きょうふ》

メンフクロウ

鳥類《ちょうるい》

メンフクロウの頭《あたま》の骨《ほね》。耳《みみ》の位置《いち》が左右《さゆう》でずれている。

フクロウのなかまは夜《よる》に生《い》きる鳥《とり》。夜《よる》の世界《せかい》では、生態系《せいたいけい》の頂点《ちょうてん》に立《た》つ肉食動物《にくしょくどうぶつ》です。フクロウは両目《りょうめ》とも前《まえ》を向《む》き、立体的《りったいてき》に見《み》ることができます。獲物《えもの》までの距離《きょり》がわかるので、つかまえやすいのです。横目《よこめ》は使《つか》えませんが、くるりと後《うし》ろまで向《む》く首《くび》をもちます。目《め》の網膜《もうまく》は光《ひかり》をより集《あつ》めやすいつくりで、暗闇《くらやみ》でもよく見《み》えます。

獲物《えもの》を探《さが》すのは目《め》だけではありません。まず音《おと》で動《うご》きをさぐります。フクロウの平《ひら》たい顔《かお》は「顔盤《がんばん》」とよばれていて、パラボラアンテナのような形《かたち》をしています。獲物《えもの》の立《た》てる小《ちい》さな音《おと》も、のがさず集《あつ》められる形《かたち》なのです。とくにメンフクロウは、左右《さゆう》の耳《みみ》の位置《いち》が上下《じょうげ》にずれていて、音《おと》さえも立体的《りったいてき》にとらえていると考《かんが》えられています。

★分布《ぶんぷ》：東《ひがし》アジアをのぞく世界《せかい》に広《ひろ》く分布《ぶんぷ》

平《たい》らな白《しろ》い顔《かお》が、闇夜《やみよ》に音《おと》もなく飛《と》びかかる。

フラットウッズ・モンスター。

木《き》の上《うえ》でくるくると首《くび》を回《まわ》して獲物《えもの》の音《おと》をさぐり、ふわっと飛《と》び上《あ》がって音《おと》もなくおそいかかることができるのも、フクロウの特徴《とくちょう》です。フクロウの羽《はね》は羽毛《うもう》のへりがやわらかく、音《おと》を立《た》てません。獲物《えもの》はその存在《そんざい》に気《き》づかないまま、とらえられてしまうのです。動《うご》くものには容赦《ようしゃ》なくおそいかかるので、夜《よる》、いきなり頭《あたま》をつかまれてびっくりしたという人間《にんげん》もいます。

1950年代《ねんだい》にアメリカでさわがれたフラットウッズ・モンスターという宇宙人《うちゅうじん》は、メンフクロウを見《み》まちがえたものだといわれています。たしかに、平《たい》らな丸《まる》い顔《かお》に大《おお》きな黒目《くろめ》のいきものが、音《おと》もなく目《め》の前《まえ》に出《で》てきたら、宇宙人《うちゅうじん》だとかんちがいしてもしかたないですね。

★分類《ぶんるい》：フクロウ目《もく》メンフクロウ科《か》　★大《おお》きさ：34㎝

超吸蜜《ちょうきゅうみつ》

長《なが》い花《はな》への潜入《せんにゅう》

ヤリハシハチドリ 鳥類《ちょうるい》

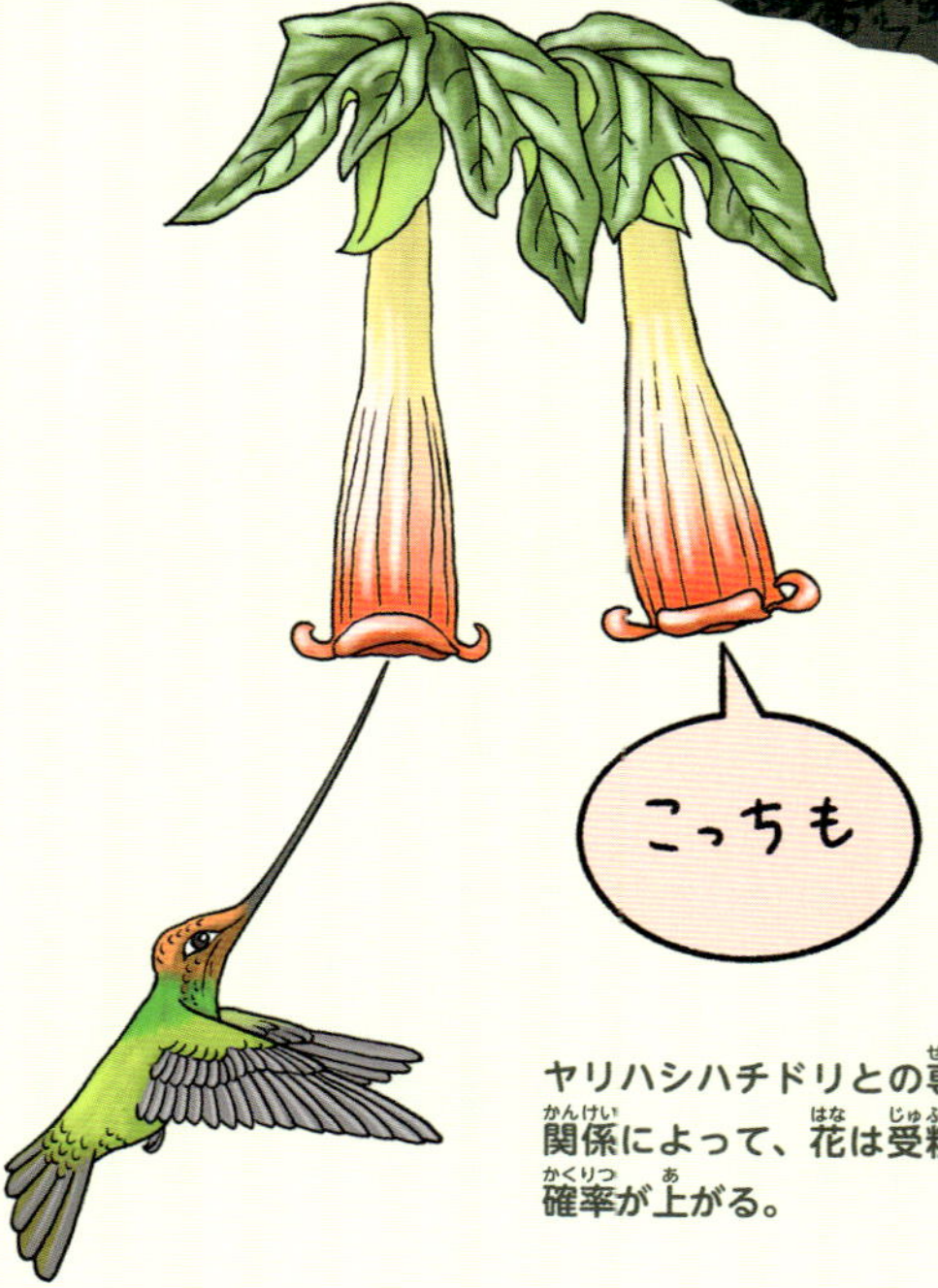

ヤリハシハチドリとの専属《せんぞく》関係《かんけい》によって、花《はな》は受粉《じゅふん》の確率《かくりつ》が上《あ》がる。

全長《ぜんちょう》20㎝とハチドリにしては大型《おおがた》かと思《おも》いきや、そのうち8㎝はくちばしというからおどろきです。ラッパのような形《かたち》で、蜜《みつ》までが遠《とお》い花《はな》。こうした花《はな》の蜜《みつ》も吸《す》うことができるのが、ヤリハシハチドリです。

ほかの鳥《とり》は、そんな長《なが》い花《はな》の蜜《みつ》を吸《す》うことはできません。ヤリハシハチドリからしたらひとりじめです。植物《しょくぶつ》にとっても、いつも決《き》まった鳥《とり》がきて、花粉《かふん》を運《はこ》んでもらえるのはいいことです。ほかの花《はな》に浮気《うわき》することがないので、確実《かくじつ》に受粉《じゅふん》することができるのです。

しかし長《なが》くなりすぎたくちばしでは、羽《は》づくろいができなくなってしまいました。今度《こんど》はあしが長《なが》くなるという進化《しんか》がおこり、体《からだ》のあちこちに届《とど》くようになったのです。ご苦労《くろう》な話《はなし》です。

★分類《ぶんるい》：アマツバメ目《もく》ハチドリ科《か》 ★大《おお》きさ：20㎝ ★分布《ぶんぷ》：南《みなみ》アメリカ北部《ほくぶ》

超空調《ちょうくうちょう》

極《きょく》北《ほく》の生体《せいたい》エアコン

トナカイ

哺《ほ》乳《にゅう》類《るい》

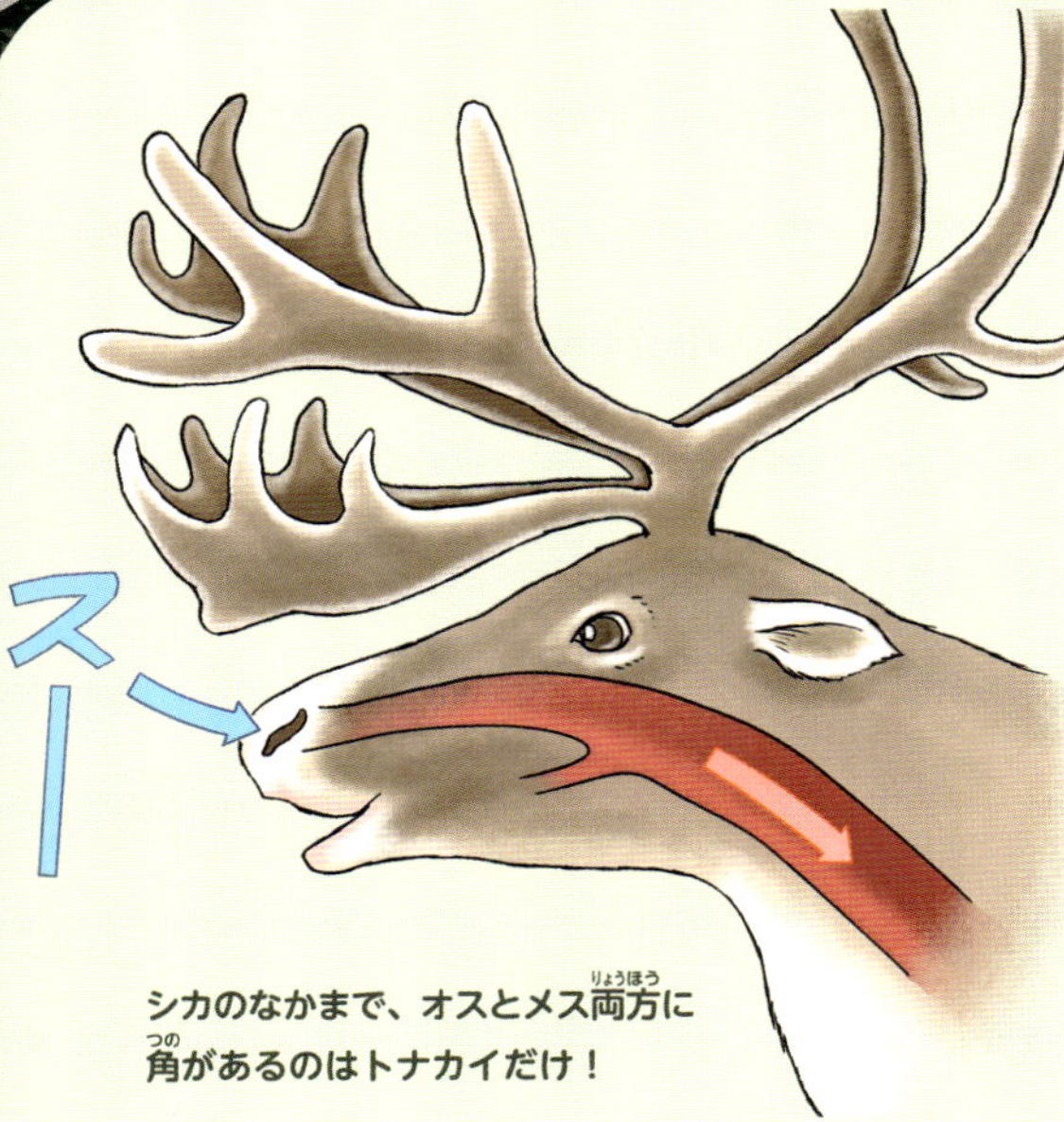

シカのなかまで、オスとメス両方《りょうほう》に角《つの》があるのはトナカイだけ！

トナカイは、気温《きおん》がマイナス40℃を下回《したまわ》ることもある、地球上《ちきゅうじょう》で最《もっと》も寒《さむ》い北極圏《ほっきょくけん》にも暮《く》らしています。呼吸《こきゅう》するだけで熱《ねつ》をうばわれるし、肺《はい》に入《はい》る空気《くうき》が冷《つめ》たすぎて、命《いのち》の危険《きけん》さえあります。しかしトナカイは、鼻《はな》の血流《けつりゅう》で空気《くうき》を温《あたた》めるしくみをもつので、肺《はい》に入《はい》る空気《くうき》は38℃。その差《さ》70℃以上《いじょう》です。サンタのまっ赤《か》な鼻《はな》のトナカイは、鼻《はな》に強力《きょうりょく》なヒーター完備《かんび》というわけです。

また北極圏《ほっきょくけん》では、冬《ふゆ》にはこおってしまう水《みず》はたいへん貴重《きちょう》です。水分《すいぶん》を失《うしな》わないよう、はく息《いき》にふくまれる水分《すいぶん》を鼻《はな》の粘膜《ねんまく》で吸収《きゅうしゅう》するという、除湿器《じょしつき》のような機能《きのう》まで備《そな》えているのです。

寒《さむ》さに強《つよ》いせいで、サンタのそりを引《ひ》くだけでなく、北極圏《ほっきょくけん》では毛皮《けがわ》やステーキにもされて、ちょっと気《き》の毒《どく》ですけどね。

★分類《ぶんるい》：鯨偶蹄目《くじらぐうていもく》シカ科《か》　★大《おお》きさ：1.2～2.2m　★分布《ぶんぷ》：北極圏《ほっきょくけん》

超心臓《ちょうしんぞう》

血《けつ》流《りゅう》S《エス》O《オー》S《エス》

キリン

哺《ほ》乳類《にゅうるい》

反対《はんたい》に、急《きゅう》に首《くび》を上《あ》げたときに貧血《ひんけつ》にならないようにもできている。

動物《どうぶつ》は、脳《のう》に血液《けつえき》が回《まわ》っていないと死《し》んでしまいます。長《なが》い首《くび》をもつキリンだと、心臓《しんぞう》から脳《のう》までおよそ2mもあるので、脳《のう》に血液《けつえき》を届《とど》けるしくみをもっています。それは血圧《けつあつ》。心臓《しんぞう》は高血圧《こうけつあつ》で血液《けつえき》をおし出《だ》していて、ヒトの2倍以上《ばいいじょう》の値《あたい》なんだとか。

こんなに高血圧《こうけつあつ》だと、水《みず》を飲《の》もうとしてキリンが頭《あたま》を下《さ》げたとき、一気《いっき》に脳《のう》に血液《けつえき》がおしよせて、血管《けっかん》が切《き》れてしまうのでは？　いえいえ、だいじょうぶ。キリンには、「ワンダーネット」とよばれる、血液《けつえき》の避難場所《ひなんばしょ》のようなものが後頭部《こうとうぶ》にあるので平気《へいき》なのです。だからというわけではないのでしょうが、オスどうしが争《あらそ》うときは、首《くび》をむちのようにして相手《あいて》に打《う》ちつけます。血圧変化《けつあつへんか》に強《つよ》いからといって、ちょっとむちゃすぎる気《き》がします。

★分類《ぶんるい》：鯨偶蹄目《くじらぐうていもく》キリン科《か》　★大《おお》きさ：最大《さいだい》5.9m　★分布《ぶんぷ》：アフリカ

超感覚《ちょうかんかく》

遠《とお》くのなかま応答《おうとう》せよ！

アフリカゾウ

哺乳類《ほにゅうるい》

遠《とお》くの群《む》れともコミュニケーション。

アフリカゾウの大《おお》きな体《からだ》を支《ささ》える太《ふと》いあし。あしの裏《うら》はさぞかしがんじょうで、カチカチなのではと思《おも》いきや、意外《いがい》にもやわらかくて超敏感《ちょうびんかん》。地面《じめん》の震動《しんどう》を、骨《ほね》を通《つう》じて、音《おと》として感《かん》じとることもできます。

数kmはなれた場所《ばしょ》の別《べつ》の群《む》れを認識《にんしき》したり、なかまと、あしをふみならすことでコミュニケーションをとったり、なんと天気《てんき》の変化《へんか》を感《かん》じることもできるそうです。ゾウにとって、あしはとても大事《だいじ》で、1本《ぽん》でもけがをして立《た》てなくなると、内臓《ないぞう》が圧迫《あっぱく》され続《つづ》けて弱《よわ》ってしまいます。

大《おお》きな耳《みみ》や長《なが》い鼻《はな》もとても敏感《びんかん》。ことばももっていて、家族《かぞく》を大切《たいせつ》にする動物《どうぶつ》だということが知《し》られています。5kgもある脳《のう》にはしわもたくさんあり、たくさんの情報《じょうほう》を処理《しょり》する能力《のうりょく》があるのです。

★分類《ぶんるい》：ゾウ目《もく》ゾウ科《か》　★大《おお》きさ：肩高《けんこう》3～4m　★分布《ぶんぷ》：アフリカ

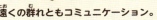

超跳躍《ちょうちょうやく》

ジャンプの代償《だいしょう》

アカカンガルー

哺乳類《ほにゅうるい》

よくカンガルーはなかまで体《からだ》をなめ合《あ》う。
こうやって、気化熱《きかねつ》で冷《ひ》やしているという研究《けんきゅう》もある。

長《なが》くてがっしりしたあしと太《ふと》い尾《お》を使《つか》って、ジャンプしながらオーストラリアの平《へい》原《げん》を移動《いどう》するカンガルー。最速《さいそく》の移動速度《いどうそくど》は時速《じそく》70㎞と、哺乳類《ほにゅうるい》でも上位《じょうい》に入《はい》る速《はや》さで、ジャンプ1回《かい》の距離《きょり》は8ｍにも。

じつはこのジャンプ、あまりエネルギーを使《つか》わないすぐれもの。長《なが》いアキレス腱《けん》がバネのように動《うご》き、その動《うご》きを尾《お》が補助《ほじょ》するので、あしの筋肉《きんにく》をあまり使《つか》わないですむのです。そのため長《なが》い距離《きょり》をなんなく移《い》動《どう》できます。残念《ざんねん》ながら後《うし》ろには進《すす》めないのですが、カンガルーにはそれほど天敵《てんてき》がいないので、問題《もんだい》ありません。

この運動能力《うんどうのうりょく》のわりに汗腺《かんせん》は発達《はったつ》していないので、暑《あつ》いときはぐったりとねそべってだらけています。その姿《すがた》は動物園《どうぶつえん》でも見《み》られ、親父《おやじ》くさいと評判《ひょうばん》です。

★分類《ぶんるい》：カンガルー目《もく》カンガルー科《か》　★大《おお》きさ：75～140㎝　★分布《ぶんぷ》：オーストラリア

超結露《ちょうけつろ》

霧《きり》の給《きゅう》水《すい》作《さく》戦《せん》

サカダチゴミムシダマシ 昆虫《こんちゅう》

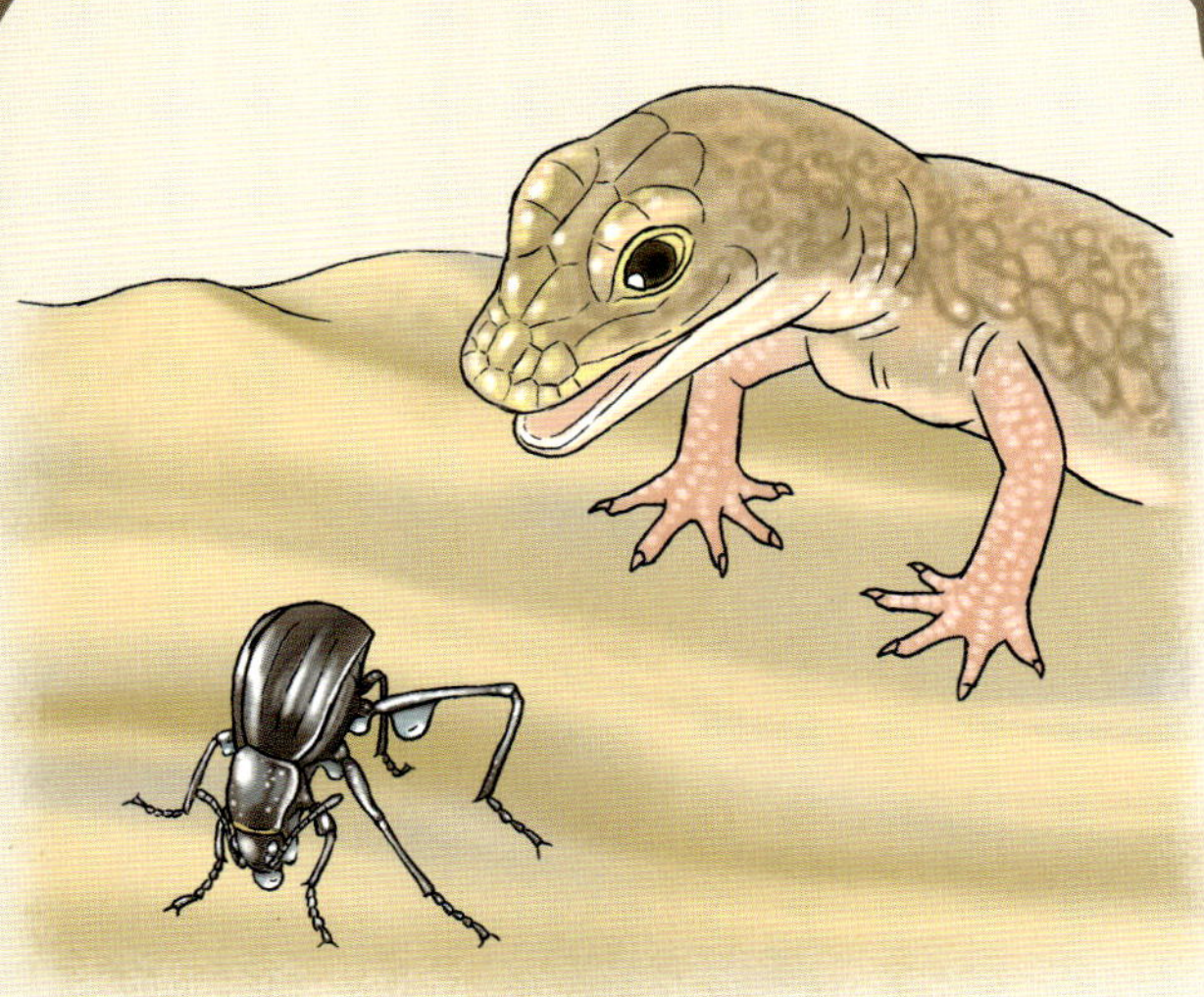

せっかく集《あつ》めた水《みず》なのに……。

雨《あめ》がほとんど降《ふ》らないアフリカのナミブ砂漠《さばく》は、地上《ちじょう》で最《もっと》も乾燥《かんそう》した場所《ばしょ》のひとつ。しかし、こんな砂漠《さばく》でも、いきものは暮《く》らしています。

サカダチゴミムシダマシは、砂丘《さきゅう》にのぼって、おしりを上《うえ》に、背中《せなか》を風上《かざかみ》に向《む》けて立《た》ちます。体《からだ》の表面《ひょうめん》には細《こま》かな突起《とっき》があり、空気中《くうきちゅう》の水分《すいぶん》が結露《けつろ》しやすいといいます。ナミブ砂漠《さばく》には、大西洋《たいせいよう》のしめった空《くう》気《き》が霧《きり》となってやってくるのですが、それが結露《けつろ》して水《みず》になるのです。できた水滴《すいてき》は、細《こま》かな溝《みぞ》を通《とお》って口《くち》まで垂《た》れてきます。

これをヒントに、水蒸気《すいじょうき》から水《みず》を集《あつ》める素材《そざい》も開発《かいはつ》されましたが、目《め》をつけたのは人間《にんげん》だけではありませんでした。ナミブの動物《どうぶつ》たちは、サカダチゴミムシダマシを食《た》べて、水分《すいぶん》の補給《ほきゅう》をしているのだとか。

★分類《ぶんるい》：コウチュウ目《もく》ゴミムシダマシ科《か》 ★大《おお》きさ：13～22㎜ ★分布《ぶんぷ》：ナミブ砂漠《さばく》

超安定《ちょうあんてい》

裸《はだか》の地《ち》下《か》帝《てい》国《こく》

ハダカデバネズミ

哺《ほ》乳《にゅう》類《るい》

一見《いっけん》、働《はたら》いていないように見《み》えるかもしれないが、働《はたら》きネズミには食物運搬係《しょくもつうんぱんがかり》や防衛係《ぼうえいがかり》、女王《じょおう》を温《あたた》めるふとん係《がかり》なんてものもいる。繁殖《はんしょく》するのは女王《じょおう》だけだ。

「キモかわいい」などといわれ、ストレートすぎる名前《なまえ》がかわいそうなハダカデバネズミ。哺乳類《ほにゅうるい》にはめずらしく、女王《じょおう》ネズミと働《はたら》きネズミからなる、社会性《しゃかいせい》をもちます。温度《おんど》や湿度《しつど》などの環境《かんきょう》の変化《へんか》が小《ちい》さい地《ち》中《ちゅう》に部屋《へや》がいくつかある巣《す》をつくり、草《くさ》や木《き》の根《ね》を食《た》べ、敵《てき》もいないので、激《はげ》しい運《うん》動《どう》はしません。そのため、体温《たいおん》の調整機能《ちょうせいきのう》を失《うしな》っています。この大《おお》きさのネズミのほとんどは2年程度《ねんていど》の寿命《じゅみょう》ですが、ハダカデバネズミは老化《ろうか》せず、30年近《ねんちか》く生《い》きることも。環境《かんきょう》の変化《へんか》には弱《よわ》いものの、代謝《たいしゃ》を落《お》としてがまん。酸素濃度《さんそのうど》5％で5時間《じかん》、酸素《さんそ》がない状態《じょうたい》でも18分《ぷん》も生《い》きるという研究《けんきゅう》もあります。がん細胞《さいぼう》が見《み》つかることもまれ。そのせいで、医療《いりょう》や長寿《ちょうじゅ》の研究《けんきゅう》のための実《じっ》験動物《けんどうぶつ》になってしまいました。

★分類《ぶんるい》：齧歯目《げっしもく》デバネズミ科《か》 ★大《おお》きさ：8〜9㎝ ★分布《ぶんぷ》：エチオピア、ケニアなど

超音波《ちょうおんぱ》

まっ暗《くら》闇の地《じ》獄耳《みみ》

キクガシラコウモリ

哺乳類《ほにゅうるい》

獲物《えもの》を見《み》つけるまでは長《なが》い超音波《ちょうおんぱ》、獲物《えもの》が近《ちか》づくにつれて短《みじか》い超音波《ちょうおんぱ》を発《はっ》し、より正確《せいかく》な位置《いち》をはかる。

多《おお》くのコウモリは夜行性《やこうせい》。空《そら》を飛《と》びながら昆虫《こんちゅう》などをとらえます。すみかの洞窟《どうくつ》の中《なか》でも、ぶつからずに飛《と》ぶことができます。

なぜ暗闇《くらやみ》でも平気《へいき》かご存《ぞん》じですか？　そう、超音波《ちょうおんぱ》。のどの奥《おく》の声帯《せいたい》から超音波《ちょうおんぱ》を出《だ》し、反射《はんしゃ》した音《おと》を聞《き》き分《わ》けることで、獲《え》物《もの》や障害物《しょうがいぶつ》の位置《いち》がわかるのです。これを「反響定位《はんきょうていい》」または「エコーロケーション」といいます。

獲物《えもの》までの距離《きょり》だけでなく、動《うご》く速《はや》さや大《おお》きさといった情報《じょうほう》まで音《おと》から得《え》ています。飛《と》ぶのに多《おお》くのエネルギーが必要《ひつよう》なので、獲物《えもの》のガが多《おお》い夜《よる》に活動《かつどう》しているのかも。でも、コウモリの超音波《ちょうおんぱ》を感《かん》じると、ぱっと羽《は》ばたきをやめて落《お》ちてにげるガもいるそうで、さすがのコウモリも、急《きゅう》に音《おと》が変《か》わると、見失《みうしな》っちゃうのですね。

★分類《ぶんるい》：コウモリ目《もく》キクガシラコウモリ科《か》　★大《おお》きさ：6.3～8.2㎝　★分布《ぶんぷ》：日本《にほん》

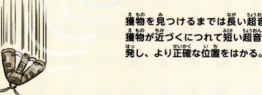

超吸着《ちょうきゅうちゃく》

窓《まど》ガラスの散《さん》策《さく》者《しゃ》

ニホンヤモリ

爬《は》虫類《ちゅうるい》

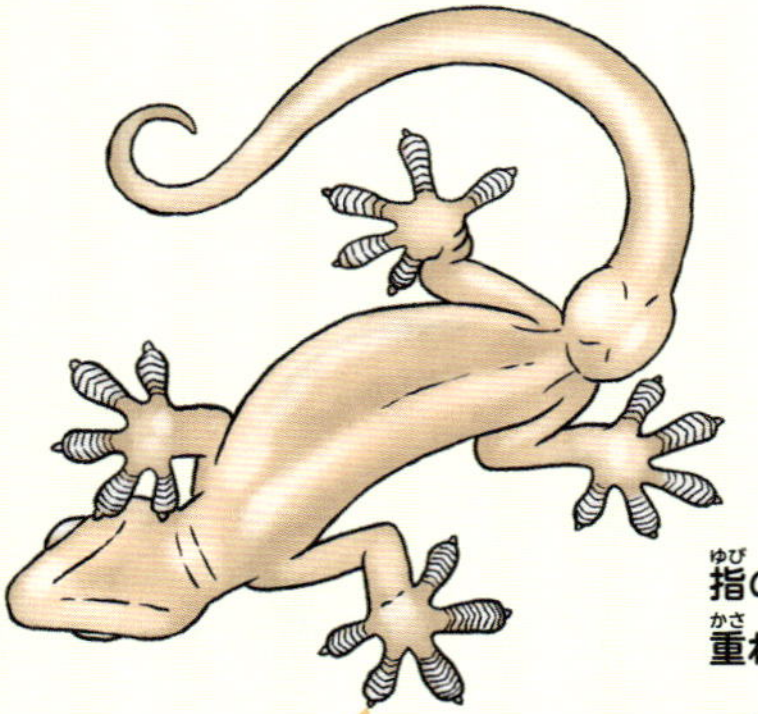

指《ゆび》の先《さき》は、拡大《かくだい》に拡大《かくだい》を重《かさ》ねて見《み》ると毛《け》だらけ。

ふと見《み》た窓《まど》に、なにものかのかげが映《うつ》っていたら、それはヤモリかもしれません。

人間《にんげん》がツルツルのガラス面《めん》を垂直《すいちょく》に登《のぼ》るのは、スパイ映画《えいが》で見《み》る吸盤《きゅうばん》のような道具《どうぐ》を使《つか》わないかぎり、まず不可能《ふかのう》。では、ヤモリのあしには吸盤《きゅうばん》が？ いいえありません。

あしの裏《うら》には「趾下薄板《しかはくばん》」といううろこが並《なら》んでいます。さらに電子顕微鏡《でんしけんびきょう》レベルに拡大《かくだい》すると、細《こま》かな毛《け》がびっしり。この毛先《けさき》はさらに細《こま》かい枝毛《えだげ》になっていて、そのケバケバと、壁面《へきめん》のほんの小《ちい》さな凹凸《おうとつ》が、分子《ぶんし》レベルで引《ひ》き合《あ》う「ファンデルワールス力《りょく》」でくっつくと考《かんが》えられています。

ニホンヤモリ、名前《なまえ》に「ニホン」とつきますが、平安時代《へいあんじだい》に大陸《たいりく》からわたってきた外来種《がいらいしゅ》らしいのです。くっつき力《りょく》を使《つか》ってわたってきたのでしょうか……。

★分類《ぶんるい》：有鱗目《ゆうりんもく》ヤモリ科《か》 ★大《おお》きさ：10～14㎝ ★分布《ぶんぷ》：日本《にほん》、中国《ちゅうごく》など

淡水《たんすい》

超濾過《ちょうろか》

死《し》の湖《みずうみ》に生《い》きる

コフラミンゴ

鳥類《ちょうるい》

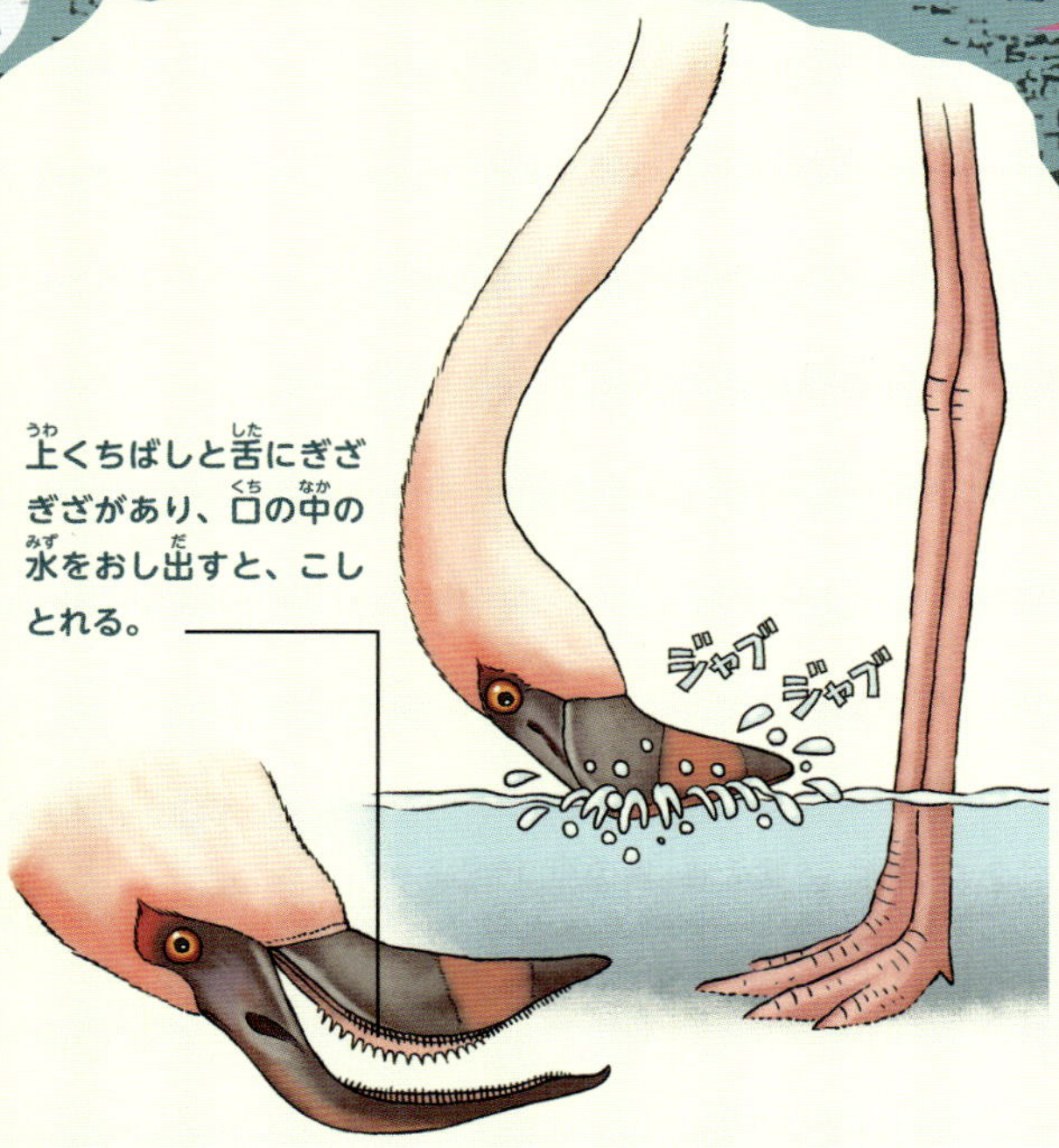

アフリカのタンザニアにあるナトロン湖《こ》は水温《すいおん》40℃で、水質《すいしつ》は強《きょう》アルカリ性《せい》。アンモニアに近《ちか》い性質《せいしつ》で、刺激臭《しげきしゅう》がする死《し》の湖《みずうみ》です。フラミンゴのなかまは、こうした塩《えん》湖《こ》で暮《く》らしますが、ナトロン湖《こ》にもコフラミンゴがやってきます。

飲《の》むことのできない死《し》の湖《みずうみ》は、天敵《てんてき》が近《ちか》づかない安全《あんぜん》な場所《ばしょ》。そして湖《みずうみ》には、この環境《かんきょう》を好《この》む微生物《びせいぶつ》や藍藻《らんそう》だけが生《い》きています。これこそがフラミンゴの主食《しゅしょく》。頭《あたま》を下《した》にして、湖面《こめん》に上《うわ》くちばしをつけて舌《した》で水《みず》をおし、この体《からだ》に悪《わる》い水《みず》を飲《の》まないように、藍藻《らんそう》だけをこしとって食《た》べています。

じつはフラミンゴのあざやかな色《いろ》はこの藍藻《らんそう》の色《いろ》で、食《た》べていないと色《いろ》が落《お》ちてしまいます。白《しろ》いオスはまったくもてないのだそう。たくさん食《た》べなきゃ。

★分類《ぶんるい》：フラミンゴ目《もく》フラミンゴ科《か》　★大《おお》きさ：80～110cm　★分布《ぶんぷ》：アフリカ、アジア

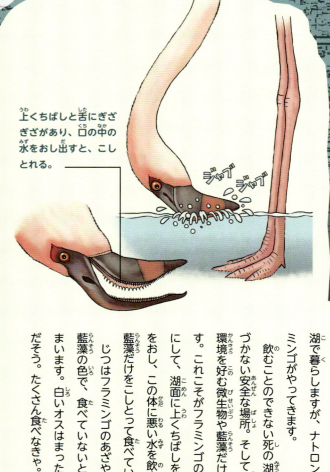

超電導《ちょうでんどう》

怪《かい》奇《き》・人《じん》造《ぞう》生《せい》物《ぶつ》!?

カモノハシ 哺《ほ》乳類《にゅうるい》

エビや小魚《こざかな》など小《ちい》さな動物《どうぶつ》ならなんでも食《た》べる。目《め》はよくないので、手当《てあ》たり次第《しだい》。

カモノハシはオーストラリアだけに暮《く》らす哺乳類《ほにゅうるい》。哺乳類《ほにゅうるい》としては原始的《げんしてき》な段階《だんかい》にある「単孔類《たんこうるい》」というグループです。哺乳《ほにゅう》類《るい》なのに卵《たまご》を産《う》み、哺乳類《ほにゅうるい》なのにくちばしがあり、水鳥《みずとり》みたいにあしに水《みず》かきがあるという、かなりの変《か》わりものです。

哺乳類《ほにゅうるい》は進化《しんか》の過程《かてい》で母親《ははおや》のおなかの中《なか》で育《そだ》つ場所《ばしょ》「子宮《しきゅう》」を手《て》に入《い》れましたが、その前《まえ》は爬虫類《はちゅうるい》と同《おな》じように卵《たまご》を産《う》んでいました。その古《ふる》い特徴《とくちょう》を残《のこ》し、現在《げんざい》まで生《い》き残《のこ》っている「生《い》きた化石《かせき》」なのです。

でも、そのふしぎな体《からだ》をフル活用《かつよう》しています。水《みず》かきや平《ひら》たい尾《お》のおかげで、水中《すいちゅう》で自由《じゆう》に活動《かつどう》できます。名前《なまえ》の由来《ゆらい》にもなっているカモのようなくちばしは、強力《きょうりょく》なセンサーで、獲物《えもの》の魚《さかな》やエビなどが発《はっ》する弱《よわ》

★分布《ぶんぷ》：オーストラリア東部《とうぶ》

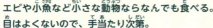

後《うし》ろあしに、毒《どく》をつくり出《だ》す毒腺《どくせん》がある。

い電気《でんき》を感《かん》じる神経《しんけい》のかたまりです。

さらにオスは、哺《ほ》乳類《にゅうるい》にはめずらしく毒《どく》をもっています。後《うし》ろあしの蹴《け》づめから出《だ》されるこの毒《どく》は、血液《けつえき》を固《かた》まらなくさせる出血毒《しゅっけつどく》の一種《いっしゅ》で、小《ちい》さな動物《どうぶつ》なら死《し》んでしまうほどの強《つよ》さ。繁殖期《はんしょくき》に多《おお》くつくられるので、オスどうしが、メスやなわばりをめぐって戦《たたか》うときに使《つか》うのでは、などと考《かんが》えられますが、くわしくはわかっていません。

今《いま》なら、ぜひ会《あ》ってみたい動物《どうぶつ》。でも１７９８年《ねん》、イギリスでカモノハシのはく製《せい》が発表《はっぴょう》されたときはちがいました。あまりにも変《か》わった姿《すがた》に、学者《がくしゃ》たちはつくりものだと思《おも》って、まったく信《しん》じなかったそうです。きっと、人魚《にんぎょ》のミイラなどと同《おな》じようなあつかいだったのでしょう。

★分類《ぶんるい》：カモノハシ目《もく》カモノハシ科《か》　★大《おお》きさ：30～45㎝

超再生《ちょうさいせい》

不死身《ふじみ》の赤《あか》ちゃん

アホロートル

両生類《りょうせいるい》

昔《むかし》は食用《しょくよう》にされ、現在《げんざい》は生息地《せいそくち》の汚染《おせん》や、食用《しょくよう》に移入《いにゅう》された魚《さかな》に食《た》べられるなどで、絶滅《ぜつめつ》の危機《きき》にある。人間《にんげん》にほんろうされっぱなしである。

イモリのなかまで、「外鰓《がいさい》」という、体《からだ》の外《そと》に出《で》たえらをもちます。ふつう、イモリはおとなになるとえらがなくなりますが、アホロートルは幼生《ようせい》の姿《すがた》のままおとなになっているのです。

アホロートルのすごいところは、その再《さい》生能力《せいのうりょく》。失《うしな》ったあしや尾《お》、さらには脳《のう》や心《しん》臓《ぞう》、下《した》あごの一部《いちぶ》までを、数《すう》か月《げつ》で完全《かんぜん》に再生《さいせい》することができます。さらに神経細胞《しんけいさいぼう》を新《あたら》しくつくり出《だ》し、まひした部分《ぶぶん》を動《うご》かすことさえできるのです。そのため、再生《さいせい》医療《いりょう》などの実験動物《じっけんどうぶつ》に使《つか》われています。

ところでアホロートルは、水《みず》が少《すく》なくなったり、水中《すいちゅう》の成分《せいぶん》が変《か》わったりするとおとなの姿《すがた》に変態《へんたい》することがあります。でも、あどけないかわいらしさが、なくなってしまうと不評《ふひょう》です。

★分類《ぶんるい》：有尾目《ゆうびもく》トラフサンショウウオ科《か》　★大《おお》きさ：20～30㎝　★分布《ぶんぷ》：メキシコ

超脂肪《ちょうしぼう》

アブラ注《ちゅう》意《い》報《ほう》

バラムツ 魚類《ぎょるい》

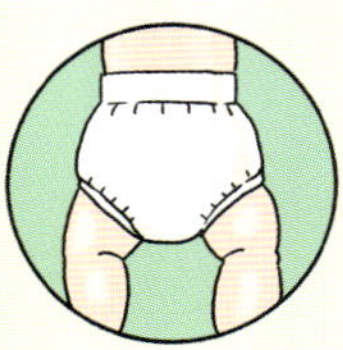

人間《にんげん》がうっかり食《た》べてしまうと、おむつが必要《ひつよう》な事態《じたい》に!? バラムツの「ムツ」は、おむつからきているわけではない。

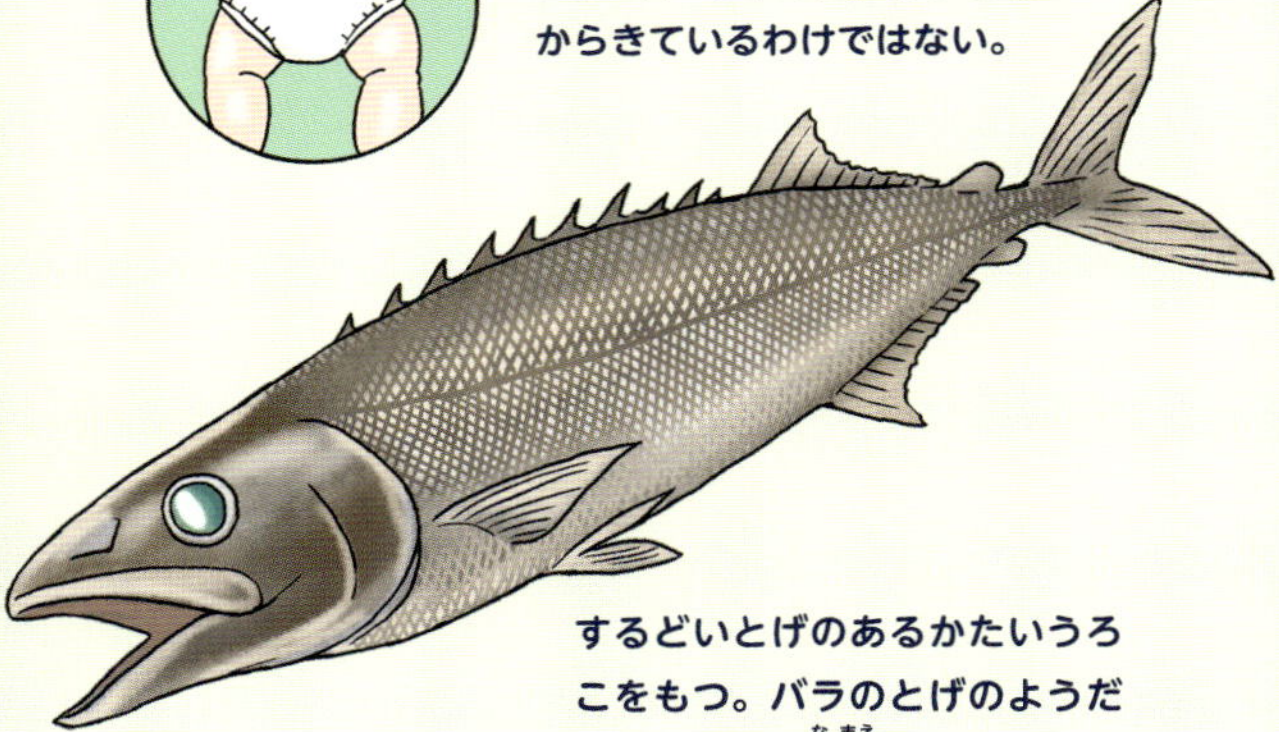

するどいとげのあるかたいうろこをもつ。バラのとげのようだということで名前《なまえ》がついた。

魚《さかな》の体《からだ》は水《みず》より重《おも》いので、水中《すいちゅう》で浮《う》くための「浮《う》きぶくろ」をもっています。浮《う》きぶくろの中《なか》の気体《きたい》の量《りょう》を変《か》えて、水中《すいちゅう》で上《じょう》下《げ》に移動《いどう》しています。

深海魚《しんかいぎょ》のバラムツは、浮《う》きぶくろではなく、体《からだ》にたくわえた、たくさんの脂肪《しぼう》で浮《ふ》力《りょく》を調整《ちょうせい》しています。深海《しんかい》から急《きゅう》に浮上《ふじょう》すると、浮《う》きぶくろだと風船《ふうせん》のようにふくらみますが、脂肪《しぼう》なら水圧《すいあつ》の変化《へんか》にたえられます。おかげでバラムツは、深海《しんかい》からわりあいに浅《あさ》いところまで移動《いどう》できるのです。

この脂肪《しぼう》はワックスエステルというヌルヌルした物質《ぶっしつ》で、人間《にんげん》は消化《しょうか》できません。食《た》べたら最後《さいご》、なんの違和感《いわかん》もなく、おしりからたれ流《なが》し状態《じょうたい》。けっして食《た》べてはいけません。が、ひとことつけ加《くわ》えると、この魚《さかな》、とってもおいしいらしいのです。

★分類《ぶんるい》：スズキ目《もく》クロタチカマス科《か》 ★大《おお》きさ：1.5m ★分布《ぶんぷ》：水深《すいしん》400～800m

超密生《ちょうみつせい》

防《ぼう》寒《かん》の剛《ごう》毛《もう》

ラッコ

哺《ほ》乳《にゅう》類《るい》

こだわりの石《いし》で貝《かい》を割《わ》る。道具《どうぐ》を使《つか》える頭《あたま》のいい動物《どうぶつ》だ。

前《まえ》あしの手《て》のひらや後《うし》ろあしには毛《け》がないので、ねているときは水面《すいめん》に出《だ》していてかわいい。

おなかに貝《かい》をのせて、石《いし》で殻《から》を割《わ》る仕草《しぐさ》がかわいいと人気《にんき》もののラッコ。北太平洋《きたたいへいよう》の冷《つめ》たい海《うみ》に暮《く》らします。分厚《ぶあつ》い毛皮《けがわ》をもち、体毛《たいもう》の密度《みつど》は1㎠あたり約《やく》10万本《まんぼん》！体全体《からだぜんたい》では8億《おく》～10億本《おくほん》も生《は》えています。毛《け》づくろいのときに空気《くうき》をふきこんだり、泳《およ》ぎながらあわを入《はい》れたりして空気《くうき》の層《そう》をつくり、さらに防寒力《ぼうかんりょく》を上《あ》げています。

しかし、意外《いがい》と皮下脂肪《ひかしぼう》は少《すく》なく、どんどん食《た》べないと体温《たいおん》が下《さ》がって死《し》んでしまいます。そこで貝《かい》やウニ、カニなどグルメな食材《しょくざい》をせっせと食《た》べます。かたい貝《かい》は、例《れい》の石《いし》で割《わ》ります。この石《いし》にはかなりのこだわりがあって、ポケットのようになったわきの下《した》の皮《ひ》ふのたるんだところにしまっています。1日《にち》に食《た》べる量《りょう》は体重《たいじゅう》の20～30％。皮下脂肪《ひかしぼう》が少《すく》ないって、たいへん。

★分類《ぶんるい》：食肉目《しょくにくもく》イタチ科《か》 ★大《おお》きさ：1.2～1.5m ★分布《ぶんぷ》：北太平洋《きたたいへいよう》の沿岸《えんがん》

海《うみ》

超消化《ちょうしょうか》

出《い》でよ！胃《い》ぶくろ

イトマキヒトデ

棘皮動物《きょくひどうぶつ》

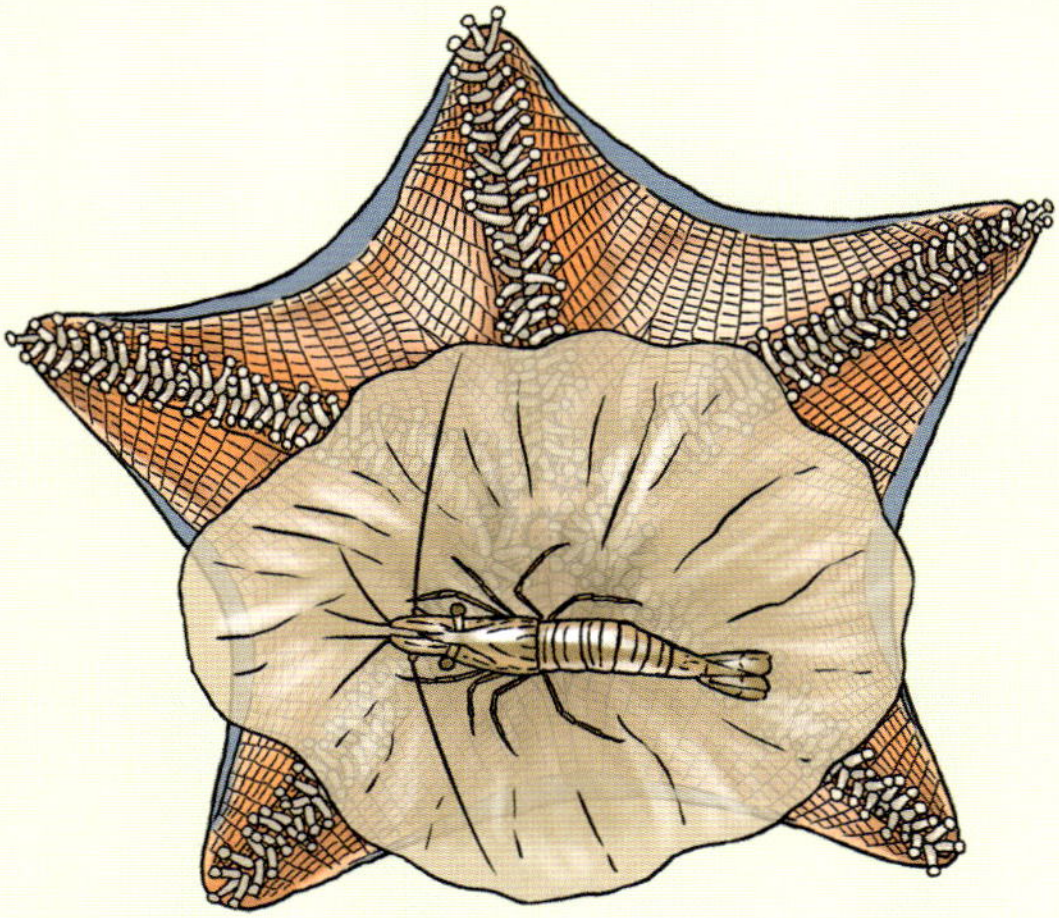

胃《い》ぶくろを出《だ》し、風呂敷《ふろしき》で包《つつ》むように獲物《えもの》をとらえる。
消化《しょうか》される側《がわ》からしたらホラーである。

ヒトデの口《くち》は、腹側《はらがわ》のまん中《なか》にあり、消化《しょうか》のための胃《い》ぶくろは、体《からだ》の中心《ちゅうしん》から、腕《うで》の中《なか》にも入《はい》っています。そして、肛門《こうもん》が背中側《なかがわ》にあります。海底《かいてい》を歩《ある》きながら食《た》べものを探《さが》して吸収《きゅうしゅう》し、背中《せなか》からうんちを出《だ》すわけです。

イトマキヒトデなど、一部《いちぶ》のヒトデは、胃《い》ぶくろを体《からだ》の外《そと》に出《だ》して獲物《えもの》を包《つつ》みこみ、消化吸収《しょうかきゅうしゅう》することが知《し》られています。これなら、大《おお》きな獲物《えもの》をとらえることができますし、2枚貝《まいがい》を腕《うで》でこじあけて、すき間《ま》から胃《い》ぶくろを差《さ》しこみ、消化《しょうか》することだってできるのです。ただし、とらえた獲物《えもの》が大《おお》きすぎた場合《ばあい》は、消化《しょうか》に数日《すうじつ》から1週間《しゅうかん》もかかることがあるそうです。いくら食《く》いしんぼうでも、1週間《しゅうかん》ずっと満腹《まんぷく》って、胃《い》もたれしそうですね。

★分類《ぶんるい》：アカヒトデ目《もく》イトマキヒトデ科《か》 ★大《おお》きさ：中心《ちゅうしん》から腕《うで》まで10㎝ ★分布《ぶんぷ》：日本《にほん》、朝鮮半島《ちょうせんはんとう》

超能力《ちょうのうりょく》をもつものだって、しっかり食《た》べなきゃ始《はじ》まらない！

いきもの大食《おおぐ》い王者決定戦《おうじゃけっていせん》

シロナガスクジラ

1日《にち》に食《た》べるのは6800kg。アフリカゾウ1頭分《いっとうぶん》も食《た》べるんだ！　しかも食《た》べるのは、エビに似《に》たオキアミ。とても小《ちい》さなオキアミを、よくそんなに集《あつ》められるね！

海《うみ》の大食《おおぐ》い No.1

小《ちい》さな大食《おおぐ》い No.1

マメハチドリ （➡P.22）

世界最小《せかいさいしょう》の鳥《とり》だけど、食《た》べる量《りょう》はすごい！　1秒間《びょうかん》に50回以上《かいいじょう》も羽《は》ばたく得意《とくい》のホバリングは、使《つか》うエネルギーもたくさん。1日《にち》に自分《じぶん》の体重《たいじゅう》の1.5倍《ばい》もの蜜《みつ》を吸《す》っているんだ！

陸《りく》の大食《おおぐ》い No.1

グルメな大食《おおぐ》い No.1

アフリカゾウ （➡P.29）

体《からだ》が大《おお》きいだけあって、たくさん食《た》べる。植物《しょくぶつ》の葉《は》などを、1日《にち》に200～300kgも食《た》べるよ！

ラッコ （➡P.40）

体重《たいじゅう》14～33kgなのに、貝《かい》やウニ、カニなど栄養豊富《えいようほうふ》な高級食材《こうきゅうしょくざい》を、1日《にち》に体重《たいじゅう》の4分《ぶん》の1も食《た》べるんだって。これもなかなかの大食《おおぐ》いだ。

第《だい》2章《しょう》

すごい武《ぶ》器《き》

生《い》きることは戦《たたか》いだ！

いきものが生《い》きていくあいだには、ときに戦《たたか》わなくてはならない瞬間《しゅんかん》があります。自分《じぶん》の身《み》を守《まも》るため、家族《かぞく》や群《む》れを守《まも》るため。野生《やせい》の世界《せかい》では、戦《たたか》わないと食《た》べられてしまうこともあるのですから、それは必死《ひっし》でしょう。そのなかで、進《しん》化《か》の果《は》てに戦《たたか》うための武器《ぶき》を手《て》に入《い》れたものがいます。

サイは、鼻《はな》の頭《あたま》に大《おお》きな角《つの》をもっています。ライオンなどの肉食動物《にくしょくどうぶつ》がおそいかかってくるようなことがあれば、頭《あたま》を下《さ》げ、その突進力《とっしんりょく》と角《つの》で立《た》ち向《む》かいます。肉食動物《にくしょくどうぶつ》も、当然《とうぜん》武器《ぶき》をもっています。ライオンのきばやつめをはじめ、サメの歯《は》やカマキリのかまだって強力《きょうりょく》な武器《ぶき》です。

体《からだ》の武器《ぶき》だけでなく、毒《どく》をもつものもいます。獲物《えもの》をたお

ライオンのきばVSサイの角《つの》！

すのにも、身《み》を守《まも》るのにも使《つか》われます。

それと、いきものが戦《たたか》う大事《だいじ》な理由《りゆう》がもうひとつ。「モテるため」です。いきものは、子孫《しそん》を残《のこ》すために一生《いっしょう》けんめいです。たとえばアメリカバイソンや、大《おお》きな角《つの》をもつヒツジのなかまなどは、自分《じぶん》の身《み》や群《む》れを守《まも》るためにも角《つの》を使《つか》いますが、繁殖期《はんしょくき》にはメスを争《あらそ》って、ほかのオスと角《つの》をつき合《あ》わせ、脳《のう》しんとうを起《お》こさないか心配《しんぱい》になるくらいの激《はげ》しい頭《ず》つき合戦《がっせん》をくり広《ひろ》げます。

直接戦《ちょくせつたたか》うだけではなく、オスがおたがいに武器《ぶき》を見《み》せつけ合《あ》って、メスへ猛《もう》アピールすることも。大《おお》きな武器《ぶき》をもつほうが、競争相手《きょうそうあいて》のオスよりも優位《ゆうい》に立《た》ったり、メスがオスを選《えら》ぶ基準《きじゅん》になったりします。武器《ぶき》はこうした平和的《へいわてき》な解決《かいけつ》にも使《つか》われるのですね。

いきものに備《そな》わった武器《ぶき》は、食《た》べる、食《た》べられるという野《や》生《せい》の関係《かんけい》のなかで、生《い》きるために、そして子孫《しそん》を残《のこ》すために、さまざまに発達《はったつ》してきたものなのです。

アメリカバイソンの戦《たたか》い。

超蛮勇《ちょうばんゆう》

無《む》法《ほう》松《まっ》の一《いっ》生《しょう》

ラーテル

哺乳類《ほにゅうるい》

たるんでのびる皮《ひ》ふにとまどっているあいだに反撃《はんげき》！

哺乳類最強《ほにゅうるいさいきょう》の称号《しょうごう》、「百獣《ひゃくじゅう》の王《おう》」といえばライオンのこと。そんなライオンをもおそれない動物《どうぶつ》がラーテルです。とても気《き》が強《つよ》く、自分《じぶん》の何倍《なんばい》もの大《おお》きさのライオンやハイエナにもひるみません。肉食動物《にくしょくどうぶつ》のつめをものともしない、分厚《ぶあつ》い皮《ひ》ふをもち、しかもたるんでいるので、ライオンもうまくおさえることができません。そのすきに強力《きょうりょく》なかぎづめときばで反撃《はんげき》するのです。さらには、おしりからくさい液体《えきたい》を発射《はっしゃ》！これには大型肉食動物《おおがたにくしょくどうぶつ》もかないません。

ラーテルは小動物《しょうどうぶつ》を食《た》べますが、ときには猛毒《もうどく》のヘビ、コブラもねらいます。コブラの毒《どく》もラーテルには効《き》かないのです。

そんなこわいものなしのラーテルですが、好物《こうぶつ》は蜂蜜《はちみつ》というスイーツ好《ず》き。ちょっといやし系《けい》な印象《いんしょう》に変《か》わりますね。

★分類《ぶんるい》：食肉目《しょくにくもく》イタチ科《か》 ★大《おお》きさ：60～80㎝ ★分布《ぶんぷ》：アフリカ、アジア

超噴射《ちょうふんしゃ》

放《ほう》屁《ひ》狙《そ》撃《げき》手《しゅ》

シマスカンク

哺《ほ》乳類《にゅうるい》

くさい液体《えきたい》の発射《はっしゃ》は連続《れんぞく》5～6回《かい》まで。発射《はっしゃ》しきるとたまるまで数日《すうじつ》かかる。

ピンチを感《かん》じたスカンクは、おしりからくさい液《えき》を発射《はっしゃ》します。直撃《ちょくげき》したら、一時《いちじ》的《てき》な失明《しつめい》、はき気《け》、めまいにもだえ苦《くる》しみ、しばらくは思《おも》い出《だ》したようにはき気《け》をもよおすという破壊力《はかいりょく》です。

服《ふく》にかかったら捨《す》てなくてはいけません。硫黄温泉《いおうおんせん》やくさったニンニクのにおいを強烈《きょうれつ》にしたとたとえられる液体《えきたい》は、肛門《こうもん》嚢《のう》という場所《ばしょ》にためられた「ブチルメルカプタン」です。しかも3mはなれた敵《てき》の顔《かお》をねらって当《あ》てる狙撃手《そげきしゅ》でもあるのです。

スカンクのおもな敵《てき》は嗅覚《きゅうかく》にたよっている哺乳類《ほにゅうるい》。そのため鼻《はな》に強烈《きょうれつ》に効《き》く武器《ぶき》が進化《しんか》したのでしょう。町中《まちなか》にひょっこり現《あらわ》れ、しかも目《め》が悪《わる》いので、出会《であ》い頭《がしら》にびっくりして攻撃《こうげき》！　なんてこともあるので迷惑《めいわく》な話《はなし》です。

★分類《ぶんるい》：食肉目《しょくにくもく》スカンク科《か》　★大《おお》きさ：25～40㎝　★分布《ぶんぷ》：北《きた》アメリカ

超鴆毒《ちょうちんどく》

危《あぶ》ない羽毛《うもう》

ズグロモリモズ

鳥類《ちょうるい》

一度《いちど》ひどい目《め》にあうと、天敵《てんてき》もこりごり。めだつ色《いろ》は、相手《あいて》に警戒《けいかい》をさせるための「警戒《けいかい》色《しょく》」でもある。

数《かず》は少《すく》ないものの、毒《どく》をもつ鳥《とり》がいます。最初《さいしょ》に毒《どく》が発見《はっけん》されたのはズグロモリモズ。毒《どく》は羽毛《うもう》や皮《ひ》ふにあり、おそった天敵《てんてき》だけが気《き》づいていました。個体《こたい》は死《し》んじゃうかもしれませんが、やがて天敵界《てんてきかい》に「食《た》べたらヤバい！」とうわさが広《ひろ》まり、あんまりねらわれなくなるというわけです。

この毒《どく》はかなり強力《きょうりょく》で、フキヤガエルの毒《どく》に近《ちか》いホモバトラコトキシンという神経《しんけい》毒《どく》です。人間《にんげん》もいちころで、食《た》べている昆《こん》虫《ちゅう》がもつ毒《どく》がもとと されています。

この鳥《とり》の調査《ちょうさ》をした研究者《けんきゅうしゃ》が、ひっかかれた傷口《きずぐち》をなめたら、しびれを感《かん》じたので、羽毛《うもう》を舌《した》にのせてみたところ、毒《どく》に気《き》づいたのです。探究心《たんきゅうしん》には頭《あたま》が下《さ》がりますが、なんでも口《くち》にしては危《あぶ》ないよという、よい教訓《きょうくん》かもしれません。

★分類《ぶんるい》：スズメ目《もく》カラス科《か》 ★大《おお》きさ：23㎝ ★分布《ぶんぷ》：ニューギニア

超吸血《ちょうきゅうけつ》

切《き》り裂《さ》くはさみ

ヤマトマダニ

節足動物《せっそくどうぶつ》

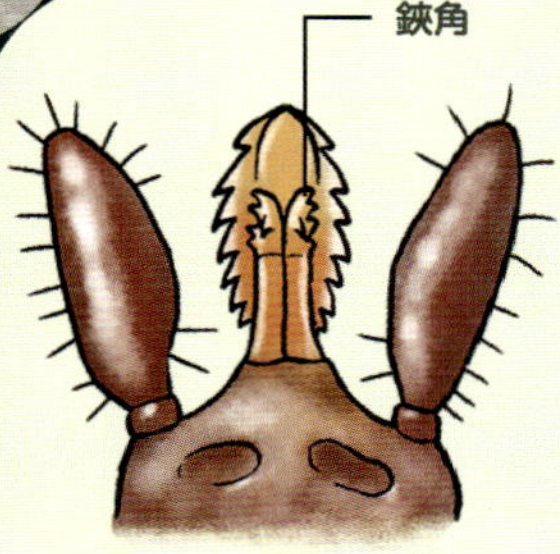

ヤマトマダニの口器《こうき》

感染症《かんせんしょう》の原因《げんいん》にもなるので、草《くさ》やぶに入《はい》るときは、長《なが》そで長《なが》ズボンを用意《ようい》したい。クマザサのやぶにはとくに多《おお》い。

吸血生物《きゅうけつせいぶつ》マダニ。葉《は》のかげにひそんでいて、哺乳類《ほにゅうるい》が通《とお》りかかると、ぱっと飛《と》びつきます。そのあと、数日《すうじつ》かけて自分《じぶん》の体《からだ》が数倍《すうばい》になるまで吸血《きゅうけつ》を続《つづ》けるのです。

呼吸《こきゅう》で出《で》る二酸化炭素《にさんかたんそ》、におい、体温《たいおん》、震動《しんどう》などの情報《じょうほう》を、いちばん前《まえ》のあしにある「ハラー氏器官《しきかん》」という感覚器《かんかくき》で敏感《びんかん》に察知《さっち》。獲物《えもの》はもうにげられません。

とりついたら、口《くち》にある「鋏角《きょうかく》」というはさみで皮《ひ》ふを切《き》り、体《からだ》にもぐって血《ち》を吸《す》います。このとき、セメント状《じょう》の物質《ぶっしつ》を送《おく》りこみ、がっちり固定《こてい》してはなれません。

しかし、がっちりとしすぎて、人間《にんげん》がつまんで取《と》ろうとすると、体《からだ》だけがとれて頭《あたま》が残《のこ》ってしまいます。ここから化膿《かのう》して、手術《しゅじゅつ》で取《と》らなければならなくなることも。おそろしくたちが悪《わる》い頭《あたま》です。

★分類《ぶんるい》：ダニ目《もく》マダニ科《か》　★大《おお》きさ：3㎜　★分布《ぶんぷ》：日本《にほん》、アジア

超酸性《ちょうさんせい》

お酢《す》シャワー

アマミサソリモドキ

節足動物《せっそくどうぶつ》

とげとげのはさみ（触肢《しょくし》）に長《なが》い尾《お》。まるでサソリのような見《み》た目《め》ですが、残念《ざんねん》ながらサソリではないので、毒《どく》ももちません。熱帯《ねったい》から亜熱帯《あねったい》の石《いし》や倒木《とうぼく》の下《した》にいて、見《み》たときはヒヤッとしますが、さほどおそるるには足《た》りません。

しかし、そんなサソリモドキでも身《み》を守《まも》るすべをもっています。危険《きけん》を感《かん》じると、尾《お》のつけ根《ね》の肛門腺《こうもんせん》からすっぱい物質《ぶっしつ》を霧《きり》状《じょう》に発射《はっしゃ》するのです。成分《せいぶん》のほとんどは酢《さく》酸《さん》。つまり「酢《す》」です。それほど危険《きけん》ではないのですが、ツーンとしていやな気分《きぶん》になります。目《め》に入れば角膜《かくまく》を傷《きず》つけたり、皮《ひ》ふ炎《えん》を起《お》こすこともあります。英語《えいご》ではビネガロン。ビネガー（酢《す》）からついた名《な》前《まえ》ですが、まるで食料品売《しょくりょうひんう》り場《ば》に置《お》いてありそうなひびきですね。

★分類《ぶんるい》：サソリモドキ目《もく》サソリモドキ科《か》　★大《おお》きさ：40㎜　★分布《ぶんぷ》：九州南部《きゅうしゅうなんぶ》、沖縄《おきなわ》

超捕虫《ちょうほちゅう》

胃《い》ぶくろ植物

ウツボカズラ 植物《しょくぶつ》

ふたのような葉《は》の裏《うら》に雨宿《あまやど》りした昆虫《こんちゅう》が、雨《あめ》でふくろに落《お》とされることもあるという。

養分《ようぶん》が少《すく》ない土地《とち》に育《そだ》つ植物《しょくぶつ》には、昆虫《こんちゅう》などから栄養《えいよう》を得《え》る「食虫植物《しょくちゅうしょくぶつ》」がいます。そのうちのウツボカズラは、葉《は》が変形《へんけい》したつぼのような「捕虫《ほちゅう》ぶくろ」をもち、中《なか》に入《はい》っている透明《とうめい》な液体《えきたい》で、昆虫《こんちゅう》をよびよせます。そして中《なか》に落《お》ちた昆虫《こんちゅう》を、タンパク質分解酵素《しつぶんかいこうそ》やバクテリアが消化分解《しょうかぶんかい》してしまうのです。

壁《かべ》がツルツルしていて落《お》ちた昆虫《こんちゅう》ははい上《あ》がってこられません。でも消化《しょうか》する力《ちから》はそれほど強《つよ》くはないので、長《なが》い時間《じかん》かけて消化《しょうか》されます。

ウツボカズラのなかには、葉《は》が出《だ》す蜜《みつ》でネズミやコウモリをさそって、彼《かれ》らのねぐらとなるものもあります。うんちをふくろに落《お》としてもらって、栄養《えいよう》にするのだそうですが、これでは「食《しょく》ふん植物《しょくぶつ》」ですね。

★分類《ぶんるい》：ナデシコ目《もく》ウツボカズラ科《か》　★大《おお》きさ：ー　★分布《ぶんぷ》：東南《とうなん》アジア

超爆発《ちょうばくはつ》

悲《かな》しき犠《ぎ》牲《せい》者《しゃ》

ジバクアリ
昆虫《こんちゅう》

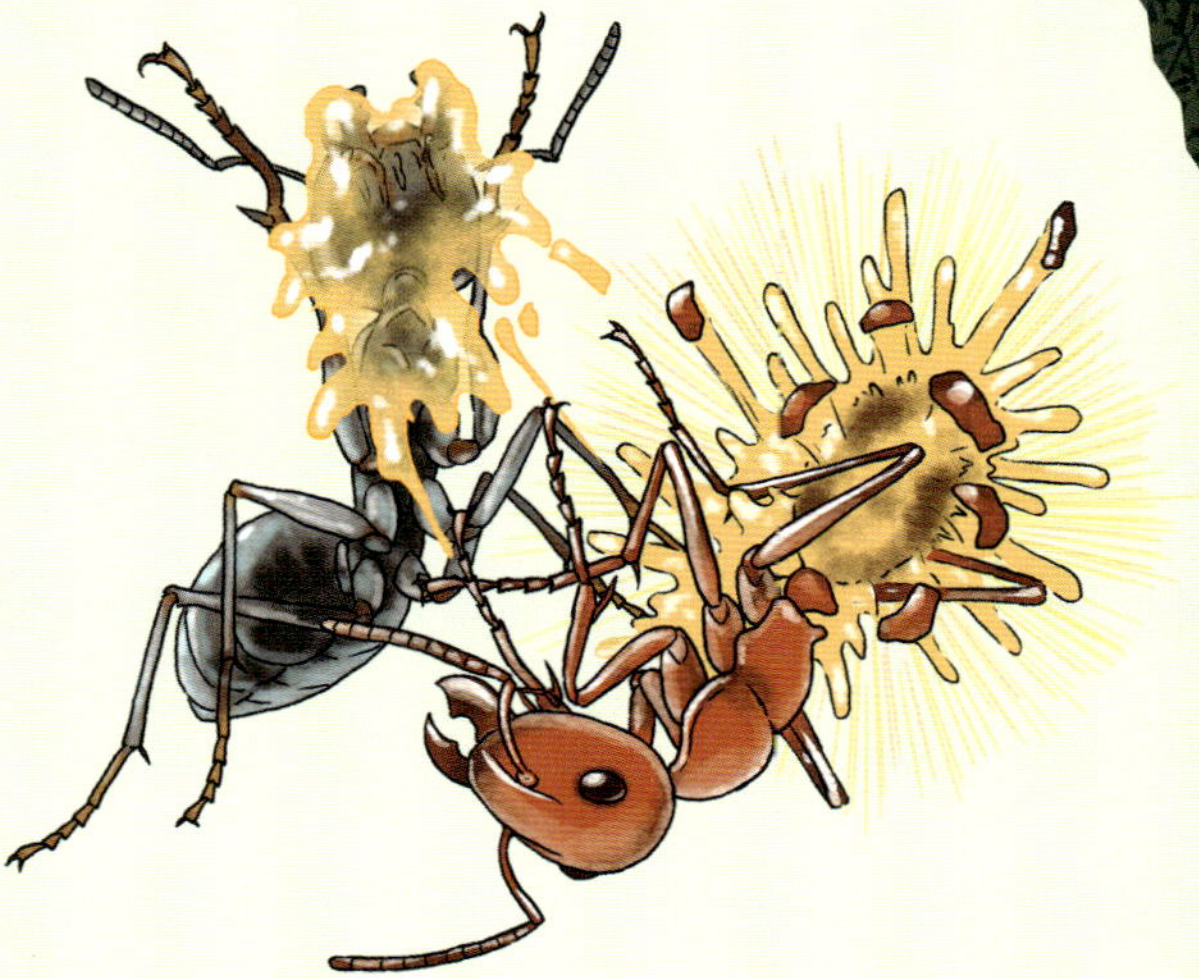

毒《どく》をつくるのは、多《おお》くのアリで警報《けいほう》のフェロモンを分泌《ぶんぴつ》する大《おお》あご腺《せん》。ジバクアリは大《おお》あご腺《せん》が大《おお》きく、ここから全身《ぜんしん》に毒《どく》が送《おく》られる。

生物《せいぶつ》が爆発《ばくはつ》するなんて信《しん》じられませんが、本当《ほんとう》の話《はなし》です。アリは群《む》れや巣《す》を守《まも》るため、さまざまな進化《しんか》をしていますが、このジバクアリは最《さい》たるもの。名前《なまえ》のとおり自爆《じばく》します。別名《べつめい》バクダンアリ。

働《はたら》きアリは、おそってくる大型《おおがた》のアリから群《む》れや巣《す》を守《まも》るため、またはほかのアリとのなわばり争《あらそ》いのために、戦《たたか》いが厳《きび》しい局面《きょくめん》をむかえたそのときに、腹筋《ふっきん》を収縮《しゅうしゅく》させて爆発《ばくはつ》します。すると体《からだ》から、刺激臭《しげきしゅう》のするねばねばした毒《どく》が放《はな》たれて、敵《てき》にからみつくのです。

敵《てき》の動《うご》きをふうじるとともに、なかまに危機《きき》を知《し》らせていると考《かんが》えられています。まさに全身《ぜんしん》が武器《ぶき》のおそろしいアリですが、群《む》れを守《まも》るために自分《じぶん》が死《し》んでしまうとは、なんだか切《せつ》なくなりますね。

★分類《ぶんるい》：膜翅目《まくしもく》アリ科《か》 ★大《おお》きさ：働《はたら》きアリ 4㎜ほど ★分布《ぶんぷ》：マレーシア、ブルネイ

隣《りん》人《じん》は悪《あく》魔《ま》

アカハシウシツツキ

鳥類《ちょうるい》

傷《きず》つけられても、哺乳類《ほにゅうるい》はあまり気《き》にしていないようす…。

テレビの動物番組《どうぶつばんぐみ》で、スイギュウやシマウマのような大型哺乳類《おおがたほにゅうるい》の背中《せなか》に鳥《とり》がとまっているシーンを見《み》たことはないでしょうか? その鳥《とり》はアカハシウシツツキ。動物《どうぶつ》たちの体《からだ》についている、ダニやハエの幼虫《ようちゅう》などの寄生虫《きせいちゅう》を食《た》べています。

スイギュウたちにとってはありがたいですし、ウシツツキも、苦労《くろう》して飛《と》び回《まわ》って食《た》べものの昆虫《こんちゅう》を探《さが》すより、確実《かくじつ》にとれる寄生虫《きせいちゅう》をねらうほうが楽《らく》かもしれません。

でも、スイギュウなどの背中《せなか》に傷口《きずぐち》がひらいていることがあります。傷口《きずぐち》には、虫《むし》が集《あつ》まりやすいのですが、ウシツツキがわざとつついて血《ち》を流《なが》しているかのようです。それどころか、血《ち》や肉《にく》を食《た》べることも! 美《うつく》しい共生関係《きょうせいかんけい》かと思《おも》いきや、悪魔《あくま》のような一面《いちめん》もあるのです。

★分類《ぶんるい》:スズメ目《もく》ムクドリ科《か》 ★大《おお》きさ:18㎝ ★分布《ぶんぷ》:中央《ちゅうおう》〜南《みなみ》アフリカ

恐《きょう》怖《ふ》の回《かい》路《ろ》

ガラガラヘビ

爬虫類《はちゅうるい》

ガラガラヘビのなかまは、乾燥地帯《かんそうちたい》、草原《そうげん》、森林《しんりん》といろいろな場所《ばしょ》に暮《く》らす危険《きけん》な毒《どく》ヘビです。尾《お》の先《さき》に脱皮殻《だっぴがら》が重《かさ》なっていて、尾《お》をふるわせると「シャーッ」という音《おと》が鳴《な》り、敵《てき》をおどかします。赤《あか》ちゃんをあやすガラガラに似《に》ていることからついた名前《なまえ》です。その毒《どく》は、血液《けつえき》を固《かた》めるタンパク質《しつ》を分解《ぶんかい》する「出血毒《しゅっけつどく》」で、さらに血管《けっかん》の細胞壁《さいぼうへき》をこわすので、出血《しゅっけつ》が止《と》まりません。かまれると激痛《げきつう》が走《はし》り、筋肉細胞《きんにくさいぼう》が死《し》んでしまう強《つよ》い毒《どく》です。

ガラガラヘビは、高機能《こうきのう》なレーダーを備《そな》えています。口先《くちさき》にある一対《いっつい》の「ピット器官《きかん》」は熱《ねつ》＝赤外線《せきがいせん》の変化《へんか》を感《かん》じて、獲物《えもの》の位置《いち》を知《し》ることができます。その精度《せいど》はなんと0・001～0・003℃の温度差《おんどさ》も感《かん》じる高性《こうせい》能《のう》。舌先《したさき》にはにおいを感《かん》じるセンサーもあり、

★大《おお》きさ：1.8m（ニシダイヤガラガラヘビ）　★分布《ぶんぷ》：南北《なんぼく》アメリカ

尾《お》をふり回《まわ》し、いかくしながら砂《すな》をかけるカリフォルニアジリス。

脱皮殻《だっぴがら》をかんでは体《からだ》をなめてにおいをつける。

細長《ほそなが》い体《からだ》でどこにでももぐりこみ、穴《あな》を巣《す》にする小動物《しょうどうぶつ》などをねらいます。

でも、そんなガラガラヘビにも苦手《にがて》としている相手《あいて》がいます。草原《そうげん》に穴《あな》を掘《ほ》って暮《く》らすカリフォルニアジリス。ガラガラヘビに対《たい》してしっぽを高《たか》く上《あ》げてふり回《まわ》すと、しっぽの温度《おんど》が上《あ》がります。すると、大《おお》きくて熱《ねつ》の高《たか》い動物《どうぶつ》とかんちがいするのか、ガラガラヘビはにげ出《だ》してしまうのです。

ほかにも、前《まえ》あしで砂《すな》をかけてピット器官《きかん》をダメにしたり、ガラガラヘビの脱皮殻《だっぴがら》を体《からだ》にこすりつけて、においセンサーをごまかしたりする技《わざ》も。そもそもおとなにはガラガラヘビの毒《どく》の抗体《こうたい》があり、かまれてもあまり効《き》かないとか……。ガラガラヘビには、悪魔《あくま》のように見《み》えているかもしれません。

★ 分類《ぶんるい》：有鱗目《ゆうりんもく》クサリヘビ科《か》

超射出《ちょうしゃしゅつ》

血《ち》の涙《なみだ》を放《はな》て

テキサスツノトカゲ

爬《は》虫類《ちゅうるい》

まるでレーザービームだ。いくつかのツノトカゲのなかまは、血《ち》を噴射《ふんしゃ》することが知《し》られている。

北《きた》アメリカ大陸《たいりく》の平原《へいげん》から乾燥地帯《かんそうちたい》で生《せい》活《かつ》するテキサスツノトカゲ。おもな食《た》べものはアリで、行列《ぎょうれつ》のそばや巣《す》のまわりで待《ま》ちかまえ、通《とお》りがかるアリを食《た》べています。

森林《しんりん》などに比《くら》べて、まわりにかくれる場《ば》所《しょ》があまりない環境《かんきょう》に生活《せいかつ》するためか、ツノトカゲは身《み》を守《まも》る方法《ほうほう》を発達《はったつ》させてきました。

敵《てき》がくるとまず、まるでせんべいのようなうすくて平《ひら》たい体《からだ》を地面《じめん》にふせてかくれます。見《み》つかったと思《おも》ったら、細《こま》かくダッシュをくりかえしてにげ、敵《てき》の目《め》をまどわします。だめなときは、大《おお》きく息《いき》を吸《す》って体《からだ》をパンパンにふくらまします。トゲトゲした丸《まる》いものを飲《の》みこんで、のどを痛《いた》めてはたいへんと、あきらめる敵《てき》も出《で》てきます。

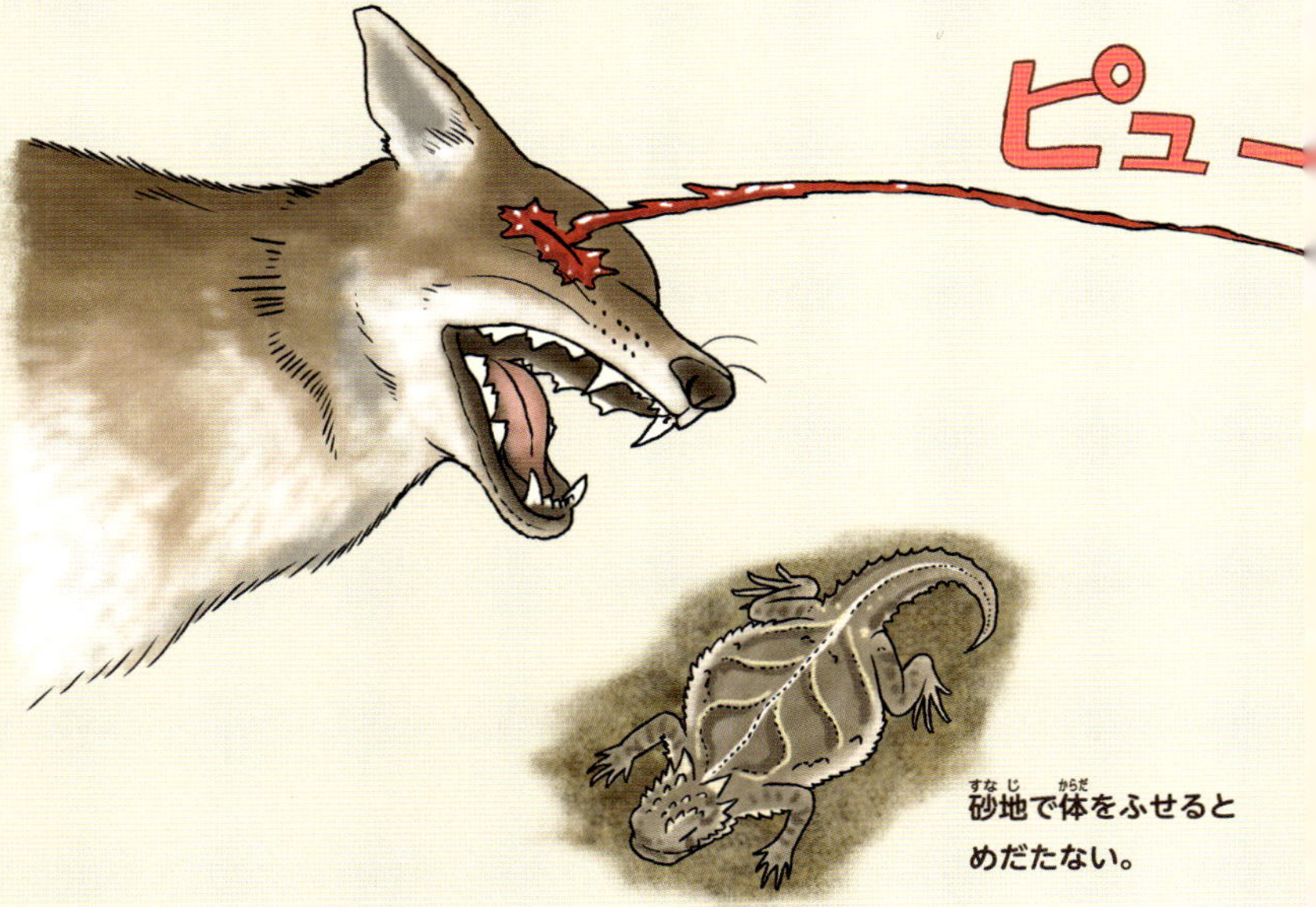

砂地《すなじ》で体《からだ》をふせるとめだたない。

それでもあきらめない敵《てき》に対《たい》しては、いよいよ最終手段《さいしゅうしゅだん》！　目《め》から敵《てき》に向《む》かって自《じ》分《ぶん》の血《ち》を噴射《ふんしゃ》するという、おそるべき攻撃《こうげき》に出《で》るのです。

ツノトカゲは頭《あたま》に血《ち》がたまる場所《ばしょ》があり、ここで血液《けつえき》を温《あたた》め、体中《からだじゅう》に送《おく》ります。血管《けっかん》の弁《べん》をとじると、頭部《とうぶ》の血圧《けつあつ》が上《あ》がり、まぶたのまわりの毛細血管《もうさいけっかん》が破裂《はれつ》して血《ち》を噴《ふん》射《しゃ》するのです。

飛距離《ひきょり》はなんと1.5ｍ！　これには敵《てき》もびっくりですし、コヨーテなどがいやがる成分《せいぶん》もふくまれているようです。

ただこの作戦《さくせん》、全身《ぜんしん》の血《ち》の３分《ぶん》の１を失《うしな》うこともあるそうです。復活《ふっかつ》するには、そうとうな量《りょう》のアリを食《た》べなければいけないはず。がんばってほしいものです。

★分類《ぶんるい》：有鱗目《ゆうりんもく》イグアナ科《か》　★大《おお》きさ：10～11㎝　★分布《ぶんぷ》：アメリカ

超猛毒《ちょうもうどく》

本《ほん》物《もの》の毒《どく》吐《は》き

リンカルス

爬《は》虫類《ちゅうるい》

頭《あたま》を前《まえ》にふるようにして毒液《どくえき》を飛《と》ばす。
梅干《うめぼ》しの種《たね》を遠《とお》くへ飛《と》ばす要領《ようりょう》だ。

リンカルスはコブラのなかまで、相手《あいて》をおどすために鎌首《かまくび》を上《あ》げ、頭《あたま》の後《うし》ろのえりを左右《さゆう》に広《ひろ》げます。そのきばには体《からだ》をまひさせる神経毒《しんけいどく》と、血《ち》を止《と》まらなくする出血《しゅけつ》毒《どく》もあり、かまれたら最後《さいご》、命《いのち》の保証《ほしょう》はありません。

リンカルスは別名《べつめい》ドクハキコブラともよばれていて、毒《どく》を敵《てき》に対《たい》してはきつけます。きばには前向《まえむ》きに穴《あな》があいていて、その先《さき》の毒腺《どくせん》から、2・5mも飛《と》ばすのです。ねらいは顔《かお》や目《め》。敵《てき》がひるんだすきにリンカルスはにげていきますが、目《め》に入《はい》れば失明《しつめい》するかもしれないおそろしい攻撃《こうげき》です。

それでもまだ追《お》いつめてくる敵《てき》がいたら、死《し》んだふりをして、やりすごそうとするそうです。ドクハキなんてよばれていますが、案外《あんがい》こわがりやさんなのかもしれません。

★分類《ぶんるい》：有鱗目《ゆうりんもく》コブラ科《か》　大《おお》きさ：90～110㎝　★分布《ぶんぷ》：アフリカ南部《なんぶ》

超悪臭《ちょうあくしゅう》

暁《あかつき》に吐《は》け!

アルパカ

哺乳類《ほにゅうるい》

毛《け》をかったアルパカ

のびすぎたアルパカ

アンデス地方《ちほう》の高地《こうち》で飼育《しいく》されているアルパカは、グアナコという動物《どうぶつ》を家畜化《かちくか》したとも考《かんが》えられています。ウシやラクダと同《おな》じように4つの部屋《へや》のある胃《い》をもち、口《くち》にもどしたり、飲《の》みこんだりをくりかえしながら消化吸収《しょうかきゅうしゅう》をする「反芻動物《はんすうどうぶつ》」です。

毛《け》がモコモコのフワフワで、とてもかわいいのですが、気《き》に入《い》らないことがあったり、おびえたりするとツバをはきかけてくることがあるので要注意《ようちゅうい》。ツバだとちょっとにおうくらいですが、口《くち》の中《なか》の反芻《はんすう》したネバネバしたものをはきかけてくることも。これはもうゲロのようなものですから、においも強烈《きょうれつ》で立派《りっぱ》な武器《ぶき》です。

毛《け》は最高級《さいこうきゅう》とされ、昔《むかし》はうんちをも燃料《ねんりょう》としていたありがたい動物《どうぶつ》。ぜひともきげんをそこねないようにしたいものです。

★分類《ぶんるい》:鯨偶蹄目《くじらぐうていもく》ラクダ科《か》 ★大《おお》きさ:肩高《けんこう》90～105㎝ ★分布《ぶんぷ》:南《みなみ》アメリカ

超刺突《ちょうしとつ》

魔《ま》の吸《きゅう》血《けつ》チーム

ハシボソガラパゴスフィンチ

鳥類《ちょうるい》

血《ち》だけでなく昆虫《こんちゅう》なども食《た》べる。吸血行動《きゅうけつこうどう》が見《み》られたのは、1980年代《ねんだい》からだという。

ガラパゴスフィンチは　ガラパゴス諸島《しょとう》にちらばって暮《く》らしています。もとは同《おな》じ鳥《とり》だったのですが、それぞれの島《しま》で、独自《どくじ》の食《た》べものや生活《せいかつ》に合《あ》わせ、くちばしなどがちがう形《かたち》に進化《しんか》していった鳥《とり》です。

そのうちのハシボソガラパゴスフィンチは、同《おな》じ島《しま》のカツオドリという大型《おおがた》の鳥《とり》の生《い》き血《ち》を飲《の》みます。なかまがカツオドリをつつき、気《き》を引《ひ》くあいだに、別《べつ》の1羽《わ》が後《うし》ろから、細長《ほそなが》く進化《しんか》したくちばしで傷《きず》をつけて血《ち》を吸《す》うという知能犯《ちのうはん》ぶり。吸《す》う量《りょう》は少《すこ》しでも、まっ白《しろ》なカツオドリの羽毛《うもう》が血《ち》に染《そ》まるので、ショッキングなシーンです。

ガラパゴスフィンチの別名《べつめい》はダーウィンフィンチ。ダーウィンが進化論《しんかろん》のヒントにしたといわれますが、じつはダーウィンはこの鳥《とり》には注目《ちゅうもく》していなかったんですって。

★分類《ぶんるい》：スズメ目《もく》フウキンチョウ科《か》　★大《おお》きさ：13㎝　★分布《ぶんぷ》：ガラパゴス諸島《しょとう》

淡水《たんすい》

超擬餌《ちょうぎじ》

強面《こわもて》のルアー名人《めいじん》

ワニガメ　爬虫類《はちゅうるい》

水中《すいちゅう》で獲物《えもの》を待《ま》ちぶせ。首《くび》やあしは甲《こう》らの中《なか》に引《ひ》っこめられない。

ゴツゴツした全長《ぜんちょう》1m近《ちか》くの体《からだ》に、するどくとがった口先《くちさき》。かむ力《ちから》はとても強《つよ》く300～500kgといわれ、貝《かい》やザリガニ、ほかのカメもかみくだいてしまいます。

おそろしげな口《くち》の中《なか》には、あざやかなピンク色《いろ》の細《ほそ》い舌《した》が見《み》えます。かわいらしいと思《おも》ったら、これがワニガメのわな。水中《すいちゅう》でひらひらと動《うご》かして、獲物《えもの》の小魚《こざかな》をおびきよせてバクッと食《た》べてしまいます。首《くび》のまわりのとげは水《みず》の流《なが》れを感《かん》じ、獲物《えもの》の存《そん》在《ざい》を知《し》る流体感知《りゅうたいかんち》センサー。ごついのに小《こ》技《わざ》が効《き》いています。

近年《きんねん》、都市部《としぶ》の池《いけ》などでも発見《はっけん》され、外《がい》来生物《らいせいぶつ》として悪者《わるもの》にされがちです。なのに原産地《げんさんち》では食用《しょくよう》やペット用《よう》にとられすぎて数《かず》を減《へ》らしているのだとか。ワニガメにとっては迷惑《めいわく》な話《はなし》です。

★分類《ぶんるい》：カメ目《もく》カミツキガメ科《か》　★大《おお》きさ：甲長《こうちょう》40～80㎝　★分布《ぶんぷ》：北《きた》アメリカ

超電撃《ちょうでんげき》

死《し》をよぶ電《でん》気《き》

デンキウナギ 魚類《ぎょるい》

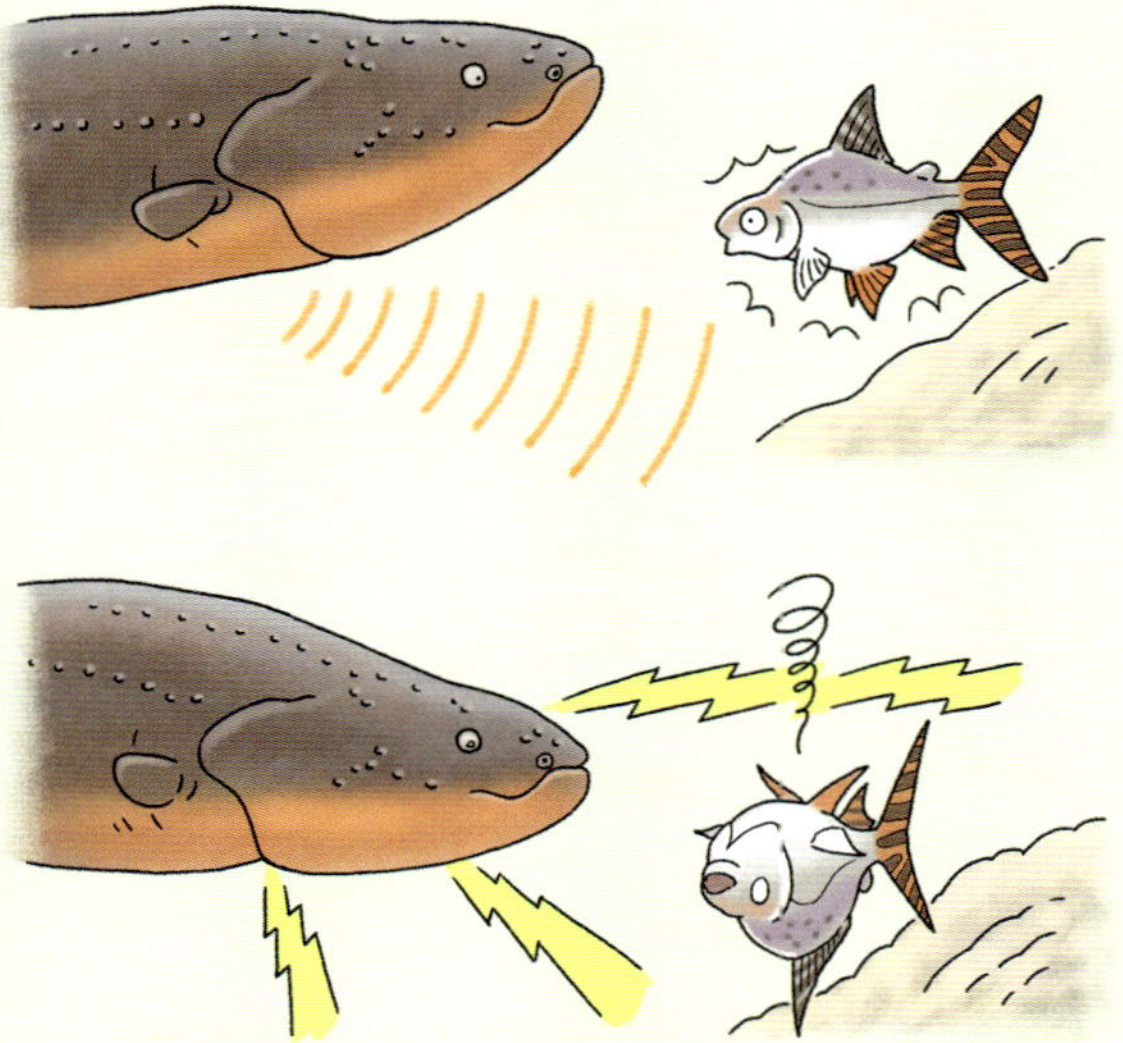

探査用《たんさよう》の弱《よわ》い電気《でんき》と獲物《えもの》をとらえる強力電気《きょうりょくでんき》を使《つか》い分《わ》ける。

デンキウナギは、600~800ボルトの高電圧《こうでんあつ》をつくり出《だ》して、獲物《えもの》の小魚《こざかな》を気《き》絶《ぜつ》させてとらえます。その電気攻撃《でんきこうげき》は一瞬《いっしゅん》で行《おこな》われますが、電気《でんき》を出《だ》す前《まえ》に、高性能《こうせいのう》レーダーで獲物《えもの》の位置《いち》をとらえていることがわかっています。

腹側《はらがわ》には放電《ほうでん》する器官《きかん》が3つあり、そのうちの1つは高電圧《こうでんあつ》を発《はっ》する攻撃用《こうげきよう》のもの。ほかの2つは低電圧《ていでんあつ》の電気《でんき》を発《はっ》して、獲物《えもの》の位置《いち》を知《し》るものです。低電圧《ていでんあつ》の電気《でんき》を受《う》けると獲物《えもの》はけいれんしますが、デンキウナギはその動《うご》きを感《かん》じて高電圧《こうでんあつ》の電気《でんき》を送《おく》り出《だ》す2段構《だんがま》えの攻撃《こうげき》で、確実《かくじつ》でむだのない狩《か》りをしています。

電気《でんき》をつくることができるのは、筋肉《きんにく》の細胞《さいぼう》が発電《はつでん》する能力《のうりょく》をもっているから。こ

★分布《ぶんぷ》：ブラジルなど

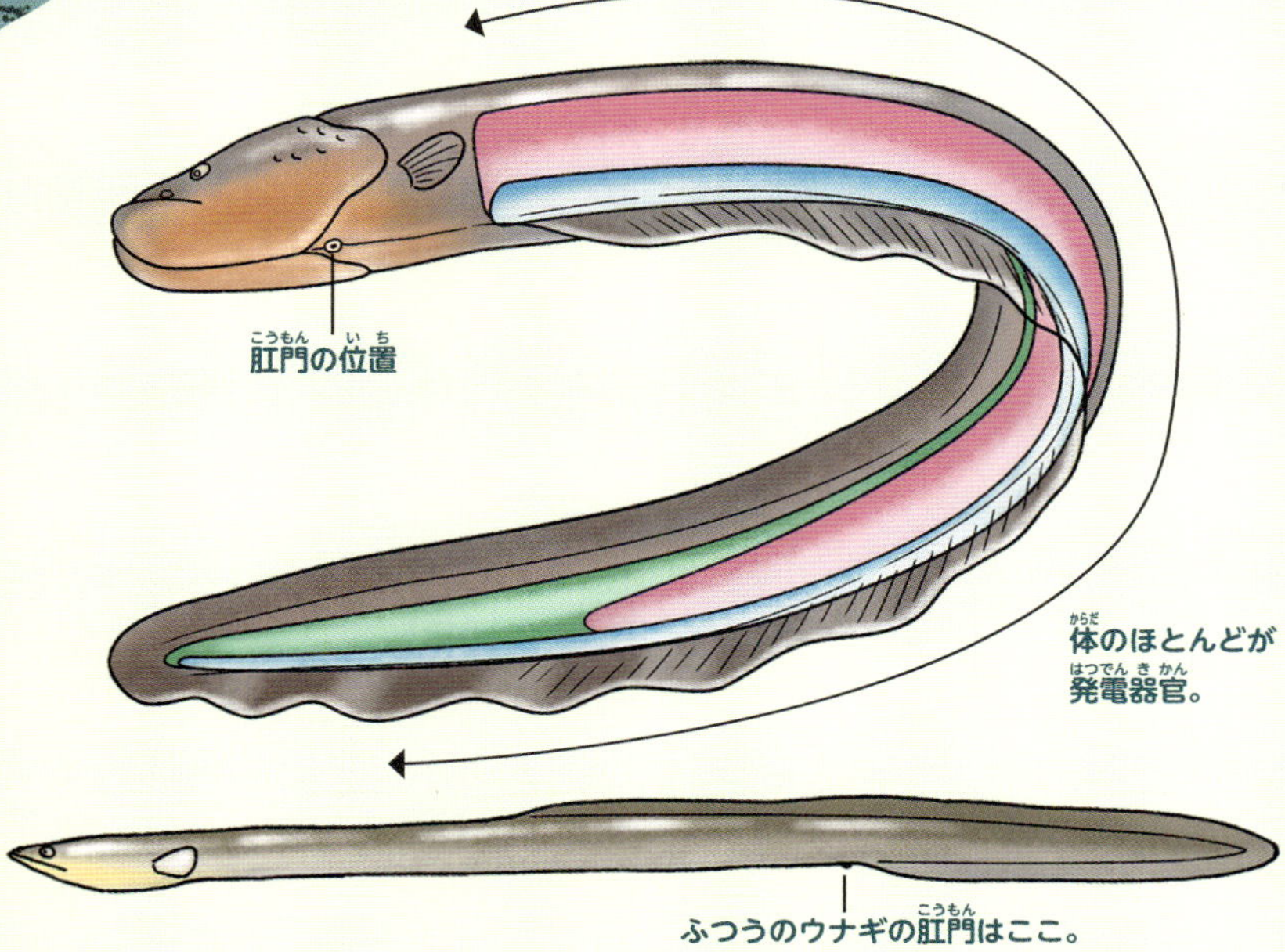

の細胞《さいぼう》が7000個《こ》ほども並《なら》び、いっせいに発電《はつでん》することで強力《きょうりょく》な電気《でんき》を発生《はっせい》させるのです。この発電細胞《はつでんさいぼう》は体《からだ》の肛門《こうもん》より後《うし》ろに並《なら》んでいますが、電気《でんき》をつくるためになるべく体《からだ》の多《おお》くを使《つか》うという進化《しんか》をしたのでしょう。肛門《こうもん》は頭《あたま》のすぐ後《うし》ろにあって、それより後《うし》ろ、なが～い体《からだ》の5分《ぶん》の4が発《はつ》電機《でんき》。なんともアンバランスな体《からだ》です。

デンキウナギは、名前《なまえ》にウナギとつきますが、ウナギとはまったくちがうなかま。えらがあるにもかかわらず、空気呼吸《くうきこきゅう》をするめずらしい魚《さかな》で、水面《すいめん》に口《くち》を出《だ》して呼吸《こきゅう》をしないと死《し》んでしまうそうです。暖《あたた》かい地方《ちほう》だと水《みず》の中《なか》にふくまれる酸素《さんそ》が少《すく》ないため、こんな進化《しんか》をしたのだと考《かんが》えられています。

★分類《ぶんるい》：デンキウナギ目《もく》ギュムノートゥス科《か》　★大《おお》きさ：2.5m

超潜穴《ちょうせんけつ》

アマゾンの侵《しん》入《にゅう》者《しゃ》

カンディル 魚類《ぎょるい》

アンモニアのにおいにびんかんで、おしっこをさかのぼって、人間《にんげん》の体《からだ》にもぐりこむという話《はなし》もあるが、それはうそ。

南《みなみ》アメリカ大陸《たいりく》のアマゾン川《がわ》に暮《く》らす、ピラニアよりおそれられている魚《さかな》、カンディル。ドジョウのように細長《ほそなが》い姿《すがた》で、大《おお》きな魚《さかな》の体内《たいない》に、えらから侵入《しんにゅう》し、中《なか》から食《た》べていくおそろしい魚《さかな》です。

小《ちい》さく細長《ほそなが》い体《からだ》と平《ひら》たい頭《あたま》という、いかにももぐりこみやすい体《からだ》つきで、うっかり川《かわ》に入《はい》った動物《どうぶつ》は、体《からだ》にある穴《あな》という穴《あな》から侵入《しんにゅう》されてしまいます。人間《にんげん》もおしりの穴《あな》などから体内《たいない》に入《はい》られることもあるそう。えらにはとげが生《は》えているので、引《ひ》っぱり出《だ》そうにも、引《ひ》っかかって、あまりの激痛《げきつう》に手術《しゅじゅつ》でとるしか方法《ほうほう》がありません。

においにはするどく反応《はんのう》しますが、目《め》はほとんど見《み》えません。でも見《み》えないのにひたすら向《む》かってくるほうが、かえっておそろしいですね。

★分類《ぶんるい》：ナマズ目《もく》トリコミュクテールス科《か》 ★大《おお》きさ：10㎝ ★分布《ぶんぷ》：南《みなみ》アメリカ

超刺毒《ちょうしどく》

四《し》角《かく》い暗《あん》殺《さつ》者《しゃ》

オーストラリアウンバチクラゲ

刺胞動物《しほうどうぶつ》

まちがいなく、世界最強《せかいさいきょう》の毒《どく》をもつ生物《せいぶつ》のひとつでしょう。「ウンバチ」を漢字《かんじ》で書《か》くと「海蜂」。英語《えいご》では「シーワスプ（海《うみ》のスズメバチ）」とよばれています。箱形《はこがた》のかさから十数本《じゅうすうほん》の触手《しょくしゅ》がのび、1本《ぽん》につき5000個《こ》の毒《どく》の針《はり》「刺胞《しほう》」があります。

強力《きょうりょく》な毒《どく》は小《ちい》さな魚《さかな》などの獲物《えもの》をとらえるためのものですが、それにしても強《つよ》すぎです。さされると、とんでもない痛《いた》みがあり、ひどいと10分《ぷん》たたずに死《し》んでしまう人《ひと》もいるそうです。刺胞《しほう》は生物《せいぶつ》に反応《はんのう》するので、ウエットスーツや手《て》ぶくろをしていれば、ダメージは少《すく》ないそうですが……。

でも、クラゲが大好物《だいこうぶつ》のウミガメには、毒《どく》がまったく効《き》かないので、どんどん食《た》べられてしまいます。せっかく世界《せかい》でトップクラスの毒《どく》だというのに、かたなしです。

★分類《ぶんるい》：ネッタイアンドンクラゲ目《もく》：ネッタイアンドンクラゲ科《か》
★大《おお》きさ：かさの高《たか》さ30㎝
★分布《ぶんぷ》：オーストラリア近海《きんかい》

超牢獄《ちょうろうごく》

深《しん》海《かい》刑《けい》務《む》所《しょ》

ホウライエソ

魚《ぎょ》類《るい》

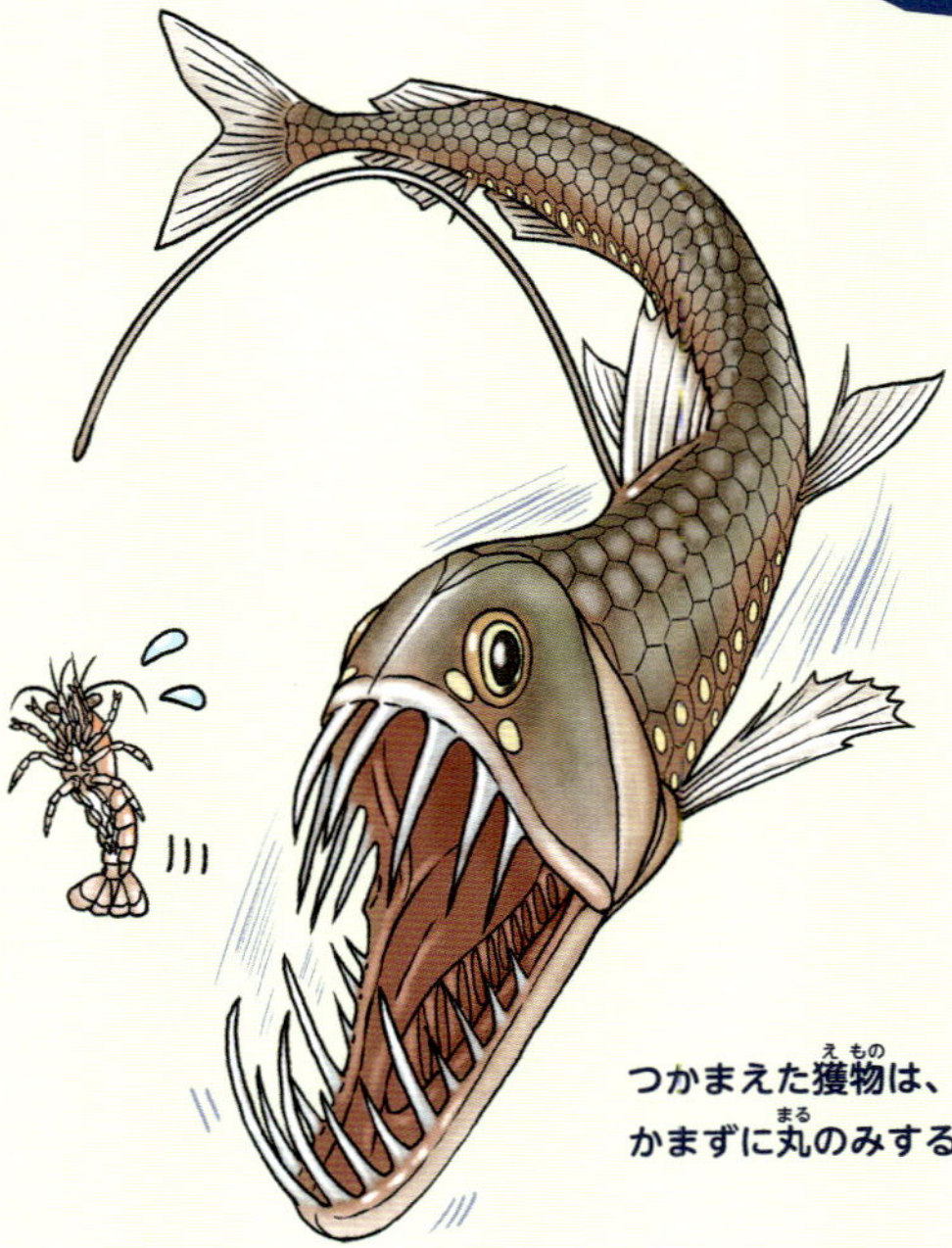

つかまえた獲物《えもの》は、かまずに丸《まる》のみする。

深海魚《しんかいぎょ》には、ちょっと不気味《ぶきみ》な顔立《かおだ》ちの魚《さかな》もいますが、ホウライエソもなかなかのもの。ひょろ長《なが》い体《からだ》で、背《せ》びれの一部《いちぶ》が長《なが》くのびています。そして口《くち》には長《なが》くてとがったたくさんのきば。

おもに魚《さかな》を食《た》べるのですが、この見《み》るからにこわいきばは、獲物《えもの》をしとめるためのものではありません。どうやら、暗《くら》くてまわりがよく見《み》えない深海《しんかい》で、とにかく口《くち》に入《はい》った魚《さかな》をのがさないように、おりとして使《つか》うようです。獲物《えもの》か!? と思《おも》ったら、なにはなくとも大口《おおぐち》をあけ、一気《いっき》に口《くち》に入《い》れてにがさない! という作戦《さくせん》です。

獲物《えもの》はたしかに出《で》られないのですが、大《おお》きすぎる魚《さかな》は、飲《の》むことも出《だ》すこともできず、もうなにも口《くち》には入《はい》らないので、うえ死《じ》に……なんてこともあるようです。

★分類《ぶんるい》：ワニトカゲギス目《もく》ワニトカゲギス科《か》 ★大《おお》きさ：37㎝ ★分布《ぶんぷ》：水深《すいしん》150～500m

超咬力《ちょうこうりょく》

第《だい》二《に》のあご

ウツボ

魚類《ぎょるい》

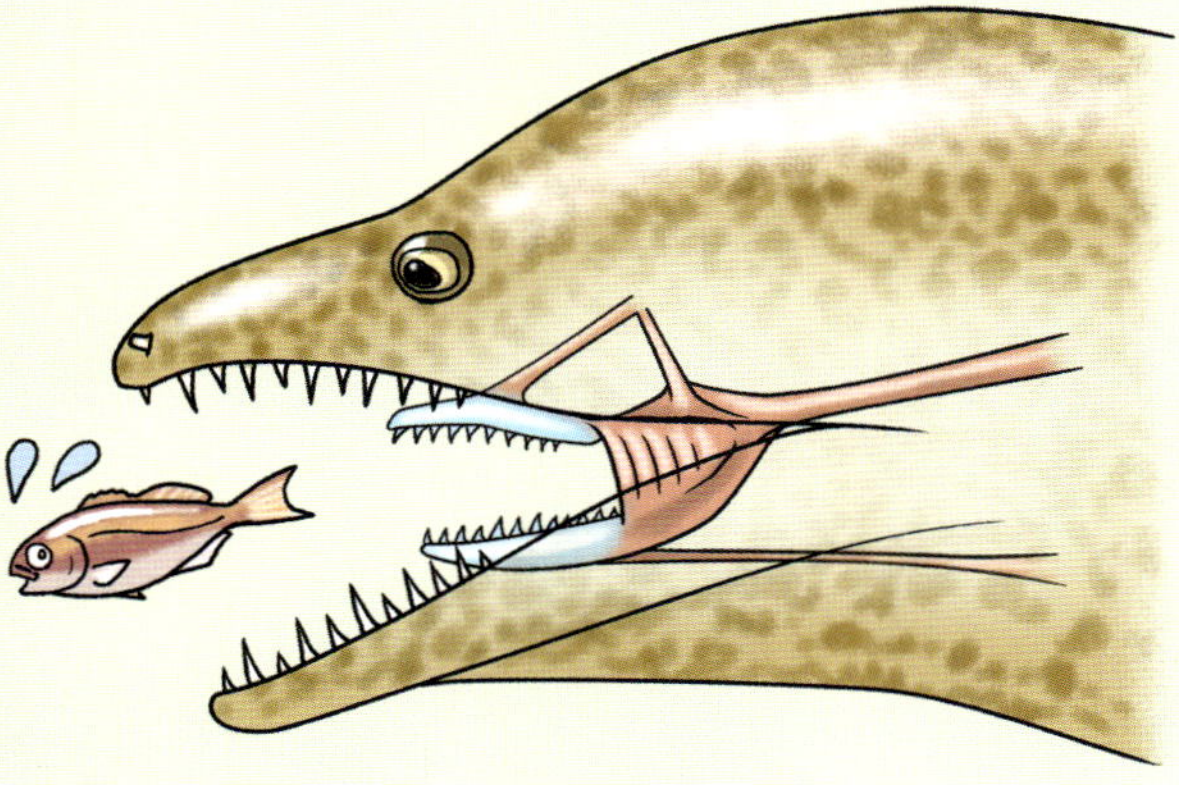

獲物《えもの》をくわえるやいなや、
咽頭顎《いんとうがく》が猛《もう》スピードでかみつく。

するどい歯《は》が並《なら》ぶ、大《おお》きな口《くち》をもつウツボ。岩場《いわば》のすき間《ま》にすんでいて、魚《さかな》やタコ、カニなどの獲物《えもの》をとらえます。別名《べつめい》、海《うみ》のギャング。

あごの力《ちから》はかなり強《つよ》いのですが、口《くち》の中《なか》にはさらに、もう1つ別《べつ》のあごがあります。この第二《だいに》のあごは「咽頭顎《いんとうがく》」といい、第一《だいいち》のあごで獲物《えもの》をくわえたあと、のどからのびて獲物《えもの》にかみつきます。そして、咽頭顎《いんとうがく》を引《ひ》っこめると、獲物《えもの》は口《くち》の奥《おく》へ！　体《からだ》のやわらかいタコもにがさない、おそろしいしくみです。まるで、SF《エスエフ》ホラー映画《えいが》『エイリアン』に出《で》てくる宇宙生物《うちゅうせいぶつ》そのもの。

おそろしい見《み》た目《め》のウツボですが、あまり移動《いどう》はしないので、顔見知《かおみし》りのダイバーなどには、食《た》べものをねだることも。ギャングにも、かわいいところがあるのですね。

★分類《ぶんるい》：ウナギ目《もく》ウツボ科《か》　★大《おお》きさ：80㎝　★分布《ぶんぷ》：南日本《みなみにほん》、台湾《たいわん》

超音速《ちょうおんそく》

海《かい》底《てい》の衝《しょう》撃《げき》波《は》

テッポウエビ 甲殻類《こうかくるい》

はなれた獲物《えもの》も、失神《しっしん》させてふっとばす。

小《ちい》さなエビのなかま、テッポウエビは、片方《かたほう》だけがかなり大《おお》きく太《ふと》いはさみ（鋏脚《はさみあし》）をもっています。この大《おお》きいほうのはさみを大《おお》きくひらいて勢《いきお》いよくとじることで、パチンパチンと音《おと》を出《だ》すことができます。動物《どうぶつ》がこうした音《おと》を出《だ》すのは、たいてい敵《てき》やなかまのライバルをおどすためであることが多《おお》いのですが、テッポウエビの場合《ばあい》は、獲物《えもの》に対《たい》する衝撃波《しょうげきは》攻撃《こうげき》です。

衝撃波《しょうげきは》とは、音速《おんそく》に近《ちか》い速度《そくど》で発生《はっせい》する圧力《あつりょく》の波《なみ》で、水中《すいちゅう》の場合《ばあい》は秒速《びょうそく》１３００ｍにもなるそうです。はさみを高速《こうそく》でとじると、あわが発生《はっせい》し、このあわが破裂《はれつ》するときに、爆発的《ばくはつてき》にまわりを振動《しんどう》させて衝撃波《しょうげきは》を発生《はっせい》させます。近《ちか》くを通《とお》りがかった獲物《えもの》の小《ちい》さな動物《どうぶつ》は、この衝撃波《しょうげきは》を受《う》けると失《しっ》

★分布《ぶんぷ》：北海道南部以南《ほっかいどうなんぶいなん》、西太平洋《にしたいへいよう》

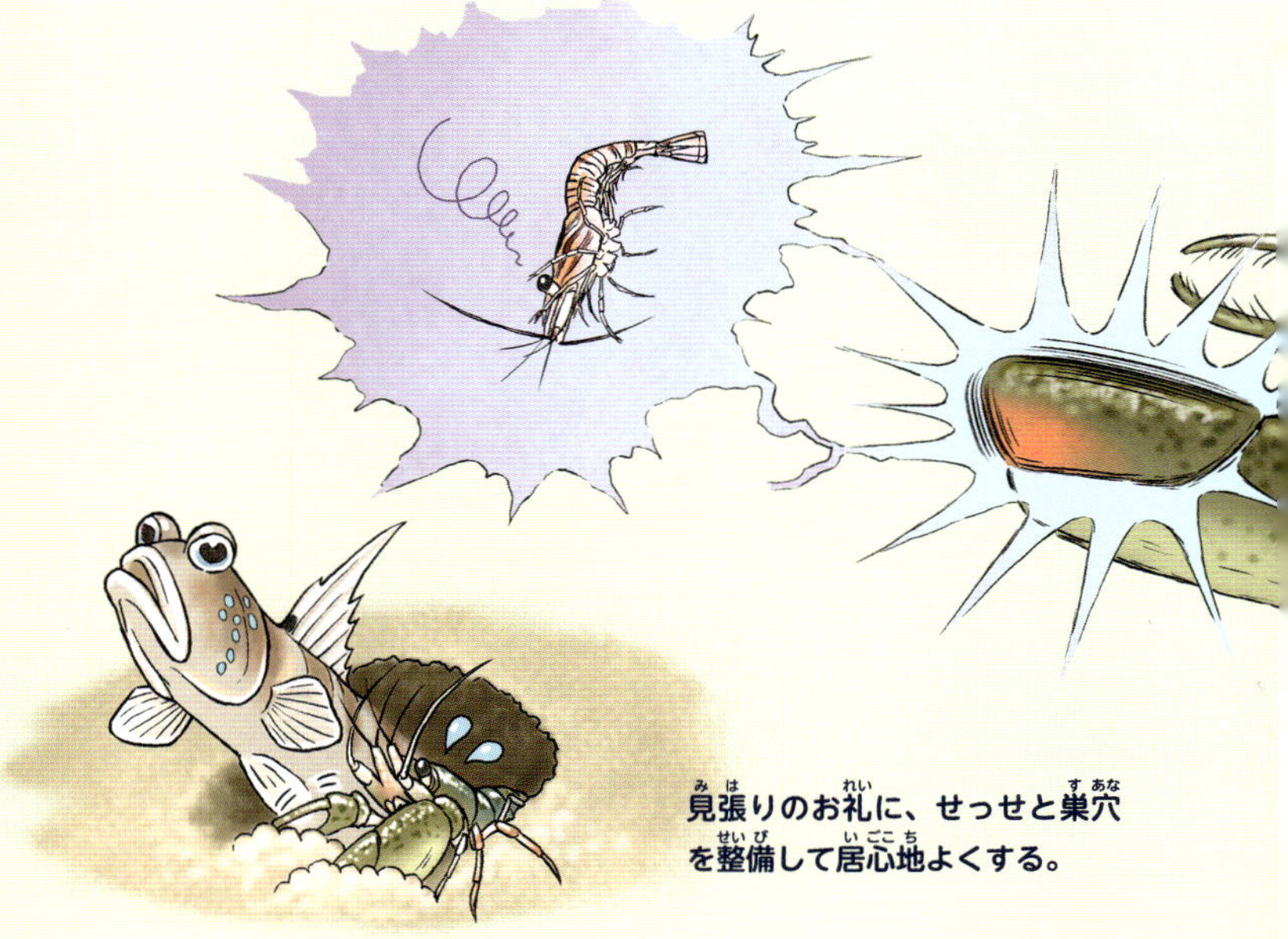

見張《みは》りのお礼《れい》に、せっせと巣穴《すあな》を整備《せいび》して居心地《いごこち》よくする。

神《しん》してしまいます。しかも、このときのエネルギーはとても強《つよ》く、プラズマ化《か》して光《ひか》るともいわれています。鉄砲《てっぽう》どころか、S《エス》F《エフ》の超兵器《ちょうへいき》のようですね。

テッポウエビにねらわれたら、のがれる方法《ほうほう》はないのでしょうか？　じつはテッポウエビは目《め》がとても悪《わる》くて、獲物《えもの》をねらうどころではなく、触角《しょっかく》がたよりです。敵《てき》にもねらわれやすいせいか、砂地《すなじ》に掘《ほ》った巣《す》穴《あな》の中《なか》に引《ひ》きこもりっぱなしです。

この穴《あな》には同居人《どうきょにん》のハゼがすんでいて、見張《みは》りの役目《やくめ》をしてくれています。テッポウエビは触角《しょっかく》をいつもハゼにくっつけていて、ハゼが危険《きけん》を感《かん》じて動《うご》くと、いっしょに穴《あな》ににげこみます。飛《と》び道具《どうぐ》の衝撃波《しょうげきは》も、目《め》が悪《わる》いから進化《しんか》したのかもしれませんね。

★分類《ぶんるい》：十脚目《じっきゃくもく》テッポウエビ科《か》　★大《おお》きさ：5㎝

獲物《えもの》をとる！ 身《み》を守《まも》る！ 生《い》きるための強力《きょうりょく》な武器《ぶき》！

世界《せかい》の毒《どく》どくモンスター

南《みなみ》アメリカ代表《だいひょう》
吹《ふ》き矢《や》の毒《どく》！

キイロフキヤガエル

小《ちい》さな体《からだ》ながら、やはり動物界一《どうぶつかいいち》の猛毒《もうどく》といわれているよ。この猛毒《もうどく》バトラコトキシンは 0.00001 g で人間《にんげん》が死《し》んでしまうことも！

ハワイ代表《だいひょう》
猛毒《もうどく》イソギンチャク！

マウイイワスナギンチャク

海《うみ》のいきものだけがもつパリトキシンという毒《どく》がある。その毒《どく》は、動物界一《どうぶつかいいち》ともいわれているよ！ なんと青酸《せいさん》カリの 8000 倍《ばい》もの危険《きけん》な毒《どく》だ。

日本《にほん》・アジア代表《だいひょう》
猛毒《もうどく》キノコ！

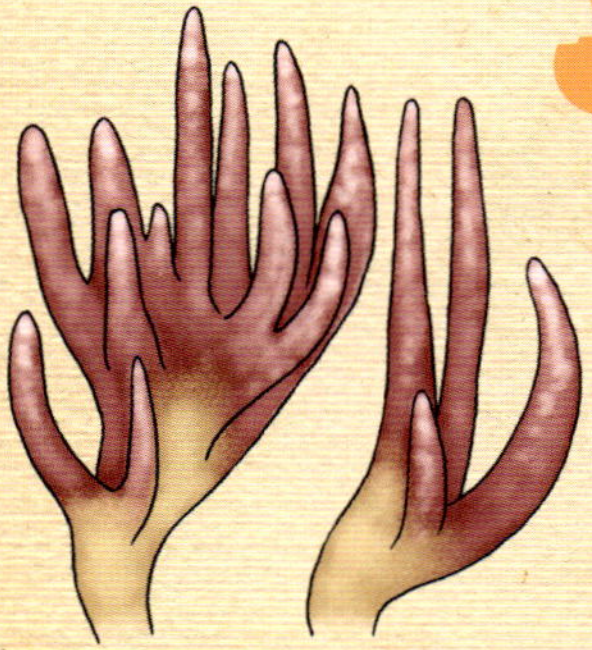

カエンタケ

さわったら皮《ひ》ふがただれ、食《た》べると腹痛《ふくつう》や猛烈《もうれつ》なはき気《け》におそわれる。はては、手足《てあし》がしびれ、呼吸《こきゅう》ができなくなり、死《し》んでしまうという、おそろしい症状《しょうじょう》のオンパレードだ！

オセアニア代表《だいひょう》
猛毒《もうどく》グモ！

シドニージョウゴグモ

オーストラリア南東部《なんとうぶ》の森林《しんりん》から市街地《しがいち》にまで生息《せいそく》しているよ。大《おお》きくて、攻撃性《こうげきせい》があり、毒《どく》のきばも発達《はったつ》しているよ。毒《どく》の量《りょう》も多《おお》いから、かまれたら、すぐに治療《ちりょう》が必要《ひつよう》だ！

第《だい》3章《しょう》

すごい防具《ぼうぐ》・すごい我慢《がまん》

鉄壁《てっぺき》の防御《ぼうぎょ》！

もしも敵《てき》におそわれたら？　野生生物《やせいせいぶつ》は、毎日《まいにち》、その危険《きけん》にさらされています。武器《ぶき》をもたない動物《どうぶつ》はどうやって身《み》を守《まも》っているのでしょう？　大《おお》きな体《からだ》は、有効《ゆうこう》な手段《しゅだん》でもあります。ゾウをおそうのは、ライオンにとっても、きっと勇気《ゆうき》がいりますよね。インパラはまわりがぐるりと見《み》える広《ひろ》い視《し》野《や》をもっています。広《ひろ》い平原《へいげん》でいち早《はや》く敵《てき》を見《み》つけ、すばやい身《み》のこなしと速力《そくりょく》でにげおおせます。アナウサギはするどい聴覚《ちょうかく》で、敵《てき》の動《うご》きを察知《さっち》して、強《つよ》いあしで跳躍《ちょうやく》し、すばやく巣穴《すあな》ににげこみます。

また、おそわれてもびくともしないがんじょうな体《からだ》をもち、敵《てき》に対抗《たいこう》するものたちがいます。カメの甲《こう》らやアルマジロのかたい鎧《よろい》のような皮《ひ》ふ、カブトムシなどの甲虫《こうちゅう》や、エビやカニなどのかたい体《からだ》、貝類《かいるい》がもつ殻《から》なども防《ぼう》ぎょ力《りょく》が上《あ》がる進《しん》

体《からだ》とはさみでがっちり身《み》を守《まも》るトラフカラッパ。毒《どく》ももっている。

化《か》です。

なかには、ふしぎな形《かたち》におどろかされるものもいます。たとえばカニのなかまのトラフカラッパ。丸《まる》い甲《こう》にぴったりとはまる大《おお》きなはさみをもっていて、身《み》を縮《ちぢ》めると、体《からだ》とはさみがかみ合《あ》って、ドームのようになります。すき間《ま》がなければ、カニの弱点《じゃくてん》の比較的《ひかくてき》やわらかい腹側《はらがわ》が守《まも》られます。そのため、すき間《ま》がないものが生《い》き残《のこ》り、次第《しだい》にこのような体《からだ》のものが選《えら》ばれたのでしょう。

自分《じぶん》で自分《じぶん》の身《み》を守《まも》るだけでなく、「群《む》れ」をつくるのも有効《ゆうこう》です。おおぜいで見張《みは》れば敵《てき》につけ入《い》るすきをあたえずにすみます。鳥《とり》ではシジュウカラやエナガ、アカゲラのように別《べつ》の種《しゅ》なのに1つの群《む》れをつくることもあります。

敵《てき》だけでなく、乾燥《かんそう》や熱《ねつ》、冬《ふゆ》の寒《さむ》さなど、厳《きび》しい環境《かんきょう》も生《せい》物《ぶつ》をおそいます。ときにはたえる方法《ほうほう》を身《み》につけ、生物《せいぶつ》たちはたくましく生《い》きるのです。

北極圏《ほっきょくけん》に暮《く》らすジャコウウシは、長《なが》い毛《け》や厚《あつ》い皮《ひ》ふをもち、寒《さむ》さにたえられる。群《む》れで円陣《えんじん》を組《く》んで子《こ》どもを守《まも》ることも知《し》られている。

死《し》んで生《い》きろ！

キタオポッサム

哺《ほ》乳類《にゅうるい》

お母《かあ》さんはたいへん！

オーストラリアのカンガルーやコアラで有名《ゆうめい》な有袋類《ゆうたいるい》は、おなかの中《なか》の胎盤《たいばん》で赤《あか》ちゃんを育《そだ》てる「有胎盤類《ゆうたいばんるい》（ネコやサルなど現《げん》在《ざい》の哺《ほ》乳類《にゅうるい》のほとんどがこのなかま）」が現《あらわ》れる前《まえ》まで、たいへん栄《さか》えていました。しかし、有袋類《ゆうたいるい》は有胎盤類《ゆうたいばんるい》に生存競争《せいぞんきょうそう》で負《ま》けてしまったのでしょう。生《い》き残《のこ》ったのは、海《うみ》にへだてられたオーストラリア以外《いがい》では、南北《なんぼく》アメリカ大陸《たいりく》に分布《ぶんぷ》するオポッサムのなかまだけ。生《い》き残《のこ》った秘密《ひみつ》はどこにあるのでしょう？

木《き》の上《うえ》で暮《く》らすオポッサムは、どちらかというと敵《てき》におそわれる心配《しんぱい》が少《すく》ないようです。なにより、わずか12日《にち》で赤《あか》ちゃんを産《う》むという、哺《ほ》乳類《にゅうるい》で最短《さいたん》の繁殖力《はんしょくりょく》をもちます。しかも子《こ》だくさん。お母《かあ》さんは、一《いち》

★分布《ぶんぷ》：カナダから中央《ちゅうおう》アメリカ

肛門《こうもん》から、くさったいきもののにおいが……。

度《ど》に20匹《ぴき》は産《う》み、ふくろの中《なか》で育《そだ》て、大《おお》きくなったら背中《せなか》に乗《の》せて面倒《めんどう》を見《み》ます。

　これだけ大量生産体制《たいりょうせいさんたいせい》が整《ととの》っていれば、少々天敵《しょうしょうてんてき》にやられても、事故《じこ》にあっても種《しゅ》としては平気《へいき》そう。しかし残念《ざんねん》ながらお母《かあ》さんの乳首《ちくび》の数《かず》は赤《あか》ちゃんよりも少《すく》ないので、うち何匹《なんびき》かは育《そだ》つことができません。

　オポッサムは死《し》んだ動物《どうぶつ》も好《この》むので、食《た》べものにも困《こま》りません。好《す》ききらいしないことは大事《だいじ》ですね。

　そして生《い》き残《のこ》りの秘策《ひさく》は「死《し》んだふり」。危険《きけん》にあうと、たおれてよだれを垂《た》らし、ぴくりとも動《うご》きません。さらに、肛門腺《こうもんせん》から死臭《ししゅう》のようなにおいまで出《だ》すのです。食《た》べるだけでなく、自分《じぶん》がくさった肉《にく》になりきるとは、究極《きゅうきょく》の忍術《にんじゅつ》のようですね。

★分類《ぶんるい》：オポッサム目《もく》オポッサム科《か》　★大《おお》きさ：37～45㎝

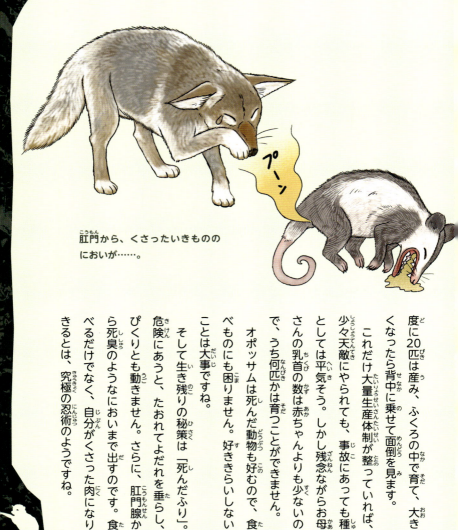

超鎧装《ちょうがいそう》

鎧《よろい》のミュータント

オオセンザンコウ

哺《ほ》乳《にゅう》類《るい》

体《からだ》が鎧《よろい》におおわれて、するどいつめをもち、危機《きき》がせまるとボールのようになって身《み》を守《まも》る。まるで特撮映画《とくさつえいが》のミュータントのようです。同《おな》じく丸《まる》まって身《み》を守《まも》るアルマジロは、かたい板《いた》をもちますが、センザンコウのは、松《まつ》ぼっくりのようなうろこです。じつは毛《け》が変化《へんか》したもので、とてもかたくて、ヒョウの歯《は》も通用《つうよう》しないほど。うろこのふちはするどくて、尾《お》をふり回《まわ》せば強力《きょうりょく》な武器《ぶき》になります。さらには、肛門《こうもん》からいやなにおいも出《だ》すという、まさに守《まも》りのスペシャリストです。

しかし、この鉄壁《てっぺき》の防《ぼう》ぎょも、人間《にんげん》には通用《つうよう》しません。中国《ちゅうごく》ではうろこが漢方薬《かんぽうやく》にされ、そのほかの地域《ちいき》でも食用《しょくよう》やうろこを魔除《まよ》けにするという理由《りゆう》で狩《か》られてしまい、絶滅《ぜつめつ》の危機《きき》にあります。

★分類《ぶんるい》：センザンコウ目《もく》センザンコウ科《か》 ★大《おお》きさ：75～80㎝ ★分布《ぶんぷ》：アフリカ

超潜伏《ちょうせんぷく》

引《ひ》きこもり巌《がん》窟《くつ》王《おう》

パンケーキリクガメ

爬《は》虫類《ちゅうるい》

岩《いわ》のすき間《ま》に入《はい》ってふくらめば、なかなかとりだせない。

パンケーキリクガメは、カメのなかまとしてはめずらしく、とても平《ひら》たく、うすくてやわらかい甲《こう》らをもちます。それでは体《からだ》を守《まも》れないのではないかと心配《しんぱい》になりますが、ご安心《あんしん》を。

甲《こう》らがじょうぶでないかわりに体《からだ》が軽《かる》いのです。すばやく動《うご》くことができ、岩場《いわば》だってスルスルと登《のぼ》ります。危険《きけん》を感《かん》じると、岩《いわ》の下《した》や、すき間《ま》にすばやくにげこみ、あしをふんばり、空気《くうき》を吸《す》いこんで体《からだ》をふくらまします。するとやわらかい甲《こう》らは、岩《いわ》のすき間《ま》にぴったりフィット！　びくともしなくなります。かたい岩《いわ》という自然《しぜん》の力《ちから》を利用《りよう》した防《ぼう》ぎょとは、おどろきです。

しかし、そんなめずらしいカメなので、ペット用《よう》としてつかまえられ、絶滅《ぜつめつ》の危機《きき》にあります。

★分類《ぶんるい》：カメ目《もく》リクガメ科《か》　★大《おお》きさ：甲長《こうちょう》10～18㎝　★分布《ぶんぷ》：東《ひがし》アフリカ

完《かん》全《ぜん》密《みっ》閉《ぺい》甲《かっ》冑《ちゅう》

セマルハコガメ

爬虫類《はちゅうるい》

交尾期《こうびき》にはオスはのどの色《いろ》が黄色《きいろ》からオレンジ色《いろ》に変《か》わる。

ドーム状《じょう》に盛《も》り上《あ》がった甲《こう》らは、ハコガメのなかまの特徴《とくちょう》です。カメは頭《あたま》やあしを甲《こう》らにしまって敵《てき》から身《み》を守《まも》ることが知《し》られていますが、ハコガメのなかまは、さらにすごいしかけをもっています。腹側《はらがわ》の「胸甲板《きょうこうばん》」と「腹甲板《ふくこうばん》」の間《あいだ》が「ちょうつがい」のようになっていて、頭《あたま》とあし、尾《お》を引《ひ》っこめたあとに、ちょうつがいを中心《ちゅうしん》に曲《ま》げることで、前後《ぜんご》の穴《あな》にふたをすることができるのです。よりしっかりと身《み》を守《まも》れる、最《もっと》も進化《しんか》した甲《こう》らだと考《かんが》えられています。

セマルハコガメはそのなかでも、とくにピタっとすき間《ま》なくとじることができます。乾燥《かんそう》からも身《み》を守《まも》れますし、たとえば鳥《とり》が、するどいくちばしで甲《こう》らのすき間《ま》から頭《あたま》やあしをねらってきても、完全《かんぜん》にガードでき

★分布《ぶんぷ》：中国南部《ちゅうごくなんぶ》、台湾《たいわん》、沖縄県《おきなわけん》

裏側《うらがわ》から見《み》たセマルハコガメ。ちょうつがいは曲《ま》がっていない。

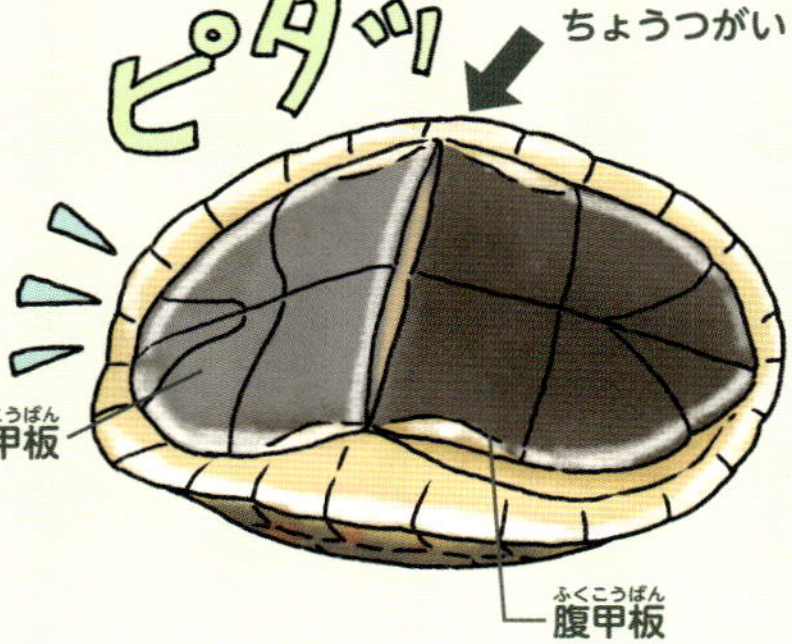

頭《あたま》、あし、尾《お》がすっかりかくれたところ。ちょうつがいのところで折《お》れ曲《ま》がるので、ぴったりとしまる。

ます。ぴったりしまった甲《こう》らは、まさに箱《はこ》のよう。

でも、飼育《しいく》され、食《た》べすぎで太《ふと》ってしまうとしまらなくなってしまうこともあるそうです。人間《にんげん》とちがって服《ふく》を買《か》いなおすわけにはいかないので、ダイエットしかありません。

日本《にほん》にも、沖縄県《おきなわけん》の石垣島《いしがきじま》と西表島《いりおもてじま》に亜《あ》種《しゅ》のヤエヤマセマルハコガメがいて、国《くに》の天然記念物《てんねんきねんぶつ》に指定《してい》されています。でも、道《どう》路《ろ》の側溝《そっこう》に落《お》ちてしまい、自力《じりき》で上《あ》がれずに死《し》んでしまうことがあるそうです。せっかくの防《ぼう》ぎょも人工物《じんこうぶつ》の前《まえ》には、なすすべもありません。絶滅《ぜつめつ》も心配《しんぱい》されている希少《きしょう》種《しゅ》のカメ。最近《さいきん》では、彼《かれ》らが登《のぼ》れる形《かたち》の側《そっ》溝《こう》もつくられているそうです。

★分類《ぶんるい》：カメ目《もく》イシガメ科《か》 ★大《おお》きさ：甲長《こうちょう》11～17㎝

超頭蓋《ちょうずがい》

生《せい》体《たい》マンホール

タートルアント 昆虫《こんちゅう》

頭《あたま》が巣穴《すあな》のドアに！

樹上性《じゅじょうせい》のアリ、タートルアント。日本語《にほんご》にするとカメアリです。日本《にほん》にいるアリと同《おな》じように、女王《じょおう》アリを中心《ちゅうしん》とした、さまざまな役割《やくわり》を担当《たんとう》する働《はたら》きアリたちがいる社会性《しゃかいせい》をもっています。

働《はたら》きアリの仕事《しごと》には、女王《じょおう》や幼虫《ようちゅう》の世話《せわ》、食《た》べものの運搬《うんぱん》、護衛《ごえい》、見張《みは》りとさまざまな職種《しょくしゅ》がありますが、タートルアントには、特殊《とくしゅ》な持《も》ち場《ば》をまかされた「ドア係《がかり》」がいます。といっても、ホテルなどでドアをあけしめしてくれるドアボーイのような係《かかり》ではなく、自分《じぶん》がドアになるという、体《からだ》（頭《あたま》？）を張《は》った仕事《しごと》です。

タートルアントは、交配《こうはい》の時期《じき》だけ現《あらわ》れるオスアリをのぞいて、みな大《おお》きめで、平《ひら》たい頭《あたま》をもっているのですが、ドア係《がかり》の頭《あたま》

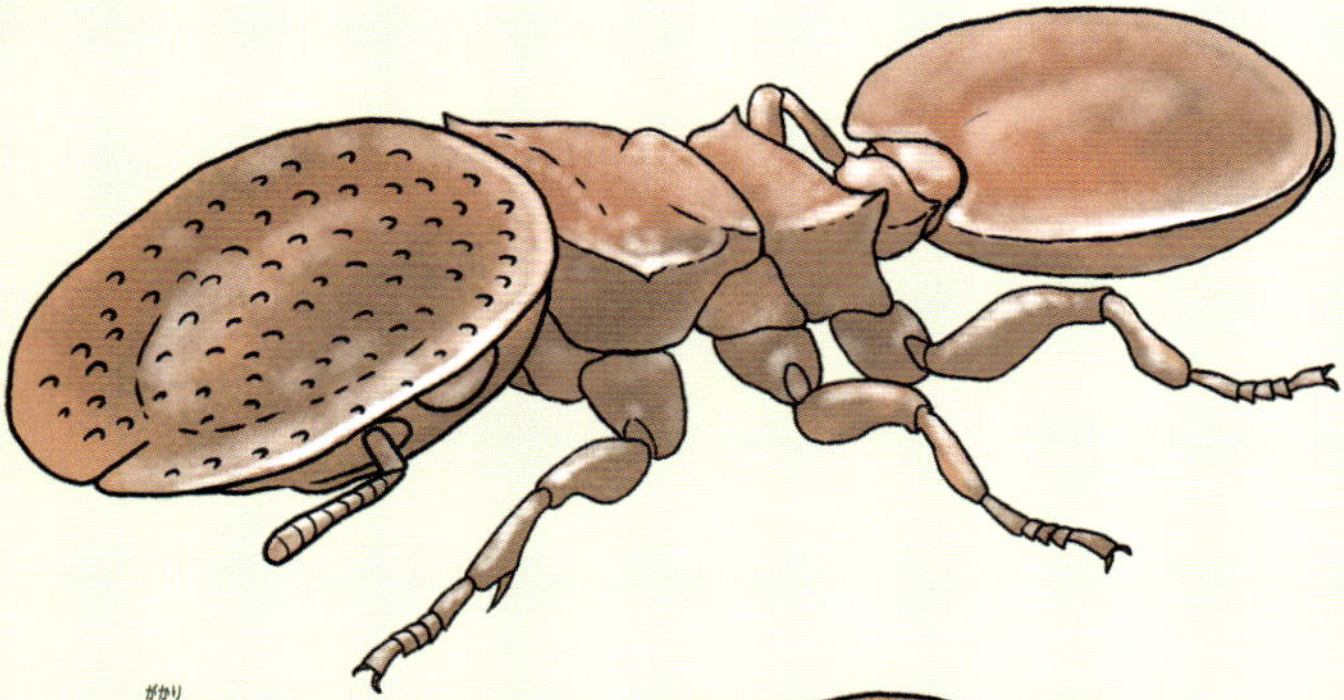

ドア係《がかり》

ふつうの働《はたら》きアリ

はとくに大《おお》きく、円形《えんけい》に近《ちか》い形《かたち》をしています。この頭《あたま》が木《き》に丸《まる》くあいた巣穴《すあな》にぴったりはまり、みごとにふたをします。たとえていうなら、友達《ともだち》の家《いえ》に行《い》き、その家《いえ》のドアをあけようとしたら、じつは友達《ともだち》のお兄《にい》さんの頭《あたま》だった、ということになります。

アリのなかには、別《べつ》の種《しゅ》のアリをねらうものもいますし、巣《す》をねらってくるほかの昆虫《こんちゅう》や鳥《とり》なども、もちろんいます。敵《てき》を防《ふせ》ぐことは最重要課題《さいじゅうようかだい》。専用《せんよう》のドア係《がかり》がいれば、必要《ひつよう》なときだけひらきますし、敵《てき》があけようとしてもふんばるので、侵入《しんにゅう》は困難《こんなん》になることでしょう。

究極《きゅうきょく》の専門職《せんもんしょく》、プロフェッショナルではありますが、たのまれたとしても、できればドア係《がかり》はお断《ことわ》りしたいですね。

★分類《ぶんるい》：膜翅目《まくしもく》アリ科《か》　★大《おお》きさ：4～5mm　★分布《ぶんぷ》：アメリカ南部《なんぶ》、キューバなど

超擬態《ちょうぎたい》

だましのテクニック

アゲハ

昆虫《こんちゅう》

アゲハの3齢幼虫《れいようちゅう》。幼虫《ようちゅう》はくさいにおいを出《だ》す「肉角《にくかく》」でも身《み》を守《まも》る。

鳥《とり》のうんち。

アゲハチョウの幼虫《ようちゅう》は4回脱皮《かいだっぴ》をしてさなぎになり、羽化《うか》して成虫《せいちゅう》になります。緑《みどり》色《いろ》のいもむしの形《かたち》の「終齢幼虫《しゅうれいようちゅう》」はよく知《し》られていますが、その前《まえ》は似《に》ても似《に》つかない、白黒《しろくろ》で、ごつごつした姿《すがた》です。

この姿《すがた》、黒《くろ》い部分《ぶぶん》と白《しろ》い部分《ぶぶん》がまざった鳥《とり》のうんちにそっくり。天敵《てんてき》の鳥《とり》も、うんちだと思《おも》って見《み》のがす「うんち隠《がく》れの術《じゅつ》」です。このように、なにかに似《に》た姿《すがた》になってめだたない状態《じょうたい》を「擬態《ぎたい》」といいます。

このうんち色《いろ》、若《わか》いときだけ分泌《ぶんぴつ》するホルモンが影響《えいきょう》しているらしく、終齢幼虫《しゅうれいようちゅう》になって急《きゅう》に緑色《みどりいろ》に変《か》わるのは、そのホルモンが分泌《ぶんぴつ》されなくなるからのようです。終《しゅう》齢幼虫《れいようちゅう》は全長《ぜんちょう》4㎝くらい。そんな大《おお》きな鳥《とり》のうんちは、かえってめだってしまいますね。生物《せいぶつ》の体《からだ》ってよくできたものです。

★分類《ぶんるい》：チョウ目《もく》アゲハチョウ科《か》 ★大《おお》きさ：前《まえ》ばねの長《なが》さ40〜60㎜ ★分布《ぶんぷ》：日本《にほん》、中国《ちゅうごく》など

超冬眠《ちょうとうみん》

かくも長《なが》き眠《ねむ》り

アルプスマーモット

哺乳類《ほにゅうるい》

寒《さむ》さには強《つよ》いが、暑《あつ》さには弱《よわ》い。そのため、日中《にっちゅう》はあまり活動的《かつどうてき》ではなく、朝晩《あさばん》によく見《み》られる。

アルプスやピレネーなど、ヨーロッパの名《な》だたる山脈《さんみゃく》の高山地帯《こうざんちたい》にアルプスマーモットは暮《く》らしています。寒《さむ》さがとても厳《きび》しくて、雪《ゆき》も深《ふか》く降《ふ》り積《つ》もるこの場所《ばしょ》で、マーモットたちが冬《ふゆ》をこす方法《ほうほう》は冬眠《とうみん》です。ただ、アルプスの冬《ふゆ》は長《なが》く、冬眠《とうみん》も1年《ねん》の半分以上《はんぶんいじょう》、長《なが》いときにはなんと、9か月《げつ》も続《つづ》くといわれています。

冬眠《とうみん》の準備《じゅんび》は、夏《なつ》の終《お》わりにとにかくたくさん食《た》べて太《ふと》ることから始《はじ》まります。冬《とう》眠中《みんちゅう》は呼吸《こきゅう》も1分間《ぶんかん》に1～3回《かい》、心臓《しんぞう》も1分間《ぶんかん》に5回《かい》動《うご》くほどと、体《からだ》の機能《きのう》が低《ひく》くなり、ためた脂肪《しぼう》を少《すこ》しずつ消費《しょうひ》していきます。冬眠《とうみん》からさめるころには、体重《たいじゅう》が半分《はんぶん》近《ちか》くになっていることもあり、脂肪《しぼう》を使《つか》い切《き》ったら死《し》んでしまうこともあるそう。冬《ふゆ》とのがまん比《くら》べは命《いのち》がけなのです。

★分類《ぶんるい》：齧歯目《げっしもく》リス科《か》 ★大《おお》きさ：30～60㎝ ★分布《ぶんぷ》：ヨーロッパのアルプス山脈《さんみゃく》など

地《こ》上《こ》より永《と》遠《わ》に

コーチスキアシガエル

両生類《りょうせいるい》

乾燥《かんそう》している時期《じき》は、土《つち》の中《なか》でじっとする。

カエルといえば水辺《みずべ》の動物《どうぶつ》と思《おも》われがちですが、オタマジャクシの時期《じき》や産卵《さんらん》のためにやってくる以外《いがい》は、水辺《みずべ》からはなれて暮《く》らすものもけっこういます。そんななかでも、スキアシガエルは、砂漠《さばく》のような乾《かん》燥地帯《そうちたい》という、あまりにも水《みず》が少《すく》ない土地《とち》に暮《く》らしています。

いくらなんでも、両生類《りょうせいるい》としてはむりがあるのでは？　と思《おも》いますが、一年《いちねん》のほとんどを日差《ひざ》しや風《かぜ》による乾燥《かんそう》を防《ふせ》ぐことができる地中《ちちゅう》で過《す》ごしています。後《うし》ろあしにある角質《かくしつ》の突起《とっき》を、農具《のうぐ》の「すき」のように使《つか》って土《つち》を掘《ほ》っていくのです。

もぐったあとは、ひたすらじっとして、なんと一生《いっしょう》の大半《たいはん》を地中《ちちゅう》で過《す》ごすともいわれています。10か月《げつ》近《ちか》くも食《た》べものをとら

★分布《ぶんぷ》：北《きた》アメリカ南部《なんぶ》

繁殖期間《はんしょくきかん》は2～3日《か》。メスはオスを選《えら》ばず、出会《であ》ったらすぐ交尾《こうび》する。

ないこともありますが、体《からだ》に脂肪分《しぼうぶん》をたくわえられるし、大《おお》きな膀胱《ぼうこう》に水分《すいぶん》をためるしくみももっているので、だいじょうぶ。さらに、脱皮殻《だっぴがら》をいくつも重《かさ》ねたまゆの中《なか》に入《はい》って乾燥《かんそう》を防《ふせ》ぎます。SF《エスエフ》映画《えいが》でよく見《み》る、コールドスリープするカプセルのようなものでしょうか。それでも、体《からだ》の60%の水分《すいぶん》を失《うしな》うこともあるそうです。

でも、雨季《うき》がきたら、のんびりはしていられません。雨季《うき》は短《みじか》いのです。雨《あめ》が降《ふ》ったら急《いそ》いで地中《ちちゅう》から出《で》て、オスとメスが出《で》会《あ》って水《みず》たまりに産卵《さんらん》します。卵《たまご》は3日《か》ほどでふ化《か》、2週間《しゅうかん》ほどでおとなになるハイペース。おとなになったころには雨季《うき》は終《お》わり、もう地中《ちちゅう》へもぐってしまいます。あまりにもあわただしい地上生活《ちじょうせいかつ》ですね。

★分類《ぶんるい》：無尾目《むびもく》トウブスキアシガエル科《か》　★大《おお》きさ：5.7～8.9㎝

超耐乾《ちょうたいかん》

備《び》蓄《ちく》の達《たつ》人《じん》

オオカンガルーネズミ

哺《ほ》乳類《にゅうるい》

1つの部屋《へや》に6kgもためることも。運搬力《うんぱんりょく》もあなどれない。

日中《にっちゅう》は40℃をこす砂漠《さばく》や荒《あ》れ地《ち》に暮《く》らすカンガルーネズミのなかま。水《みず》がとても貴《き》重《ちょう》な土地《とち》ですが、ほとんど水《みず》を飲《の》まなくても生《い》きていくことができます。

水分《すいぶん》は、食《た》べものである植物《しょくぶつ》の種子《しゅし》や葉《は》からとります。でも、植物《しょくぶつ》にふくまれる水《すい》分《ぶん》もわずかなもの。そのため、地中《ちちゅう》にいくつもの貯蔵庫《ちょぞうこ》がある巣穴《すあな》を掘《ほ》って種子《しゅし》をためます。

湿度《しつど》の差《さ》をするどく感《かん》じとれるので、最《さい》適《てき》な部屋《へや》を選《えら》んで、種子《しゅし》をしまいます。菌《きん》類《るい》が増《ふ》えるのにちょうどいい湿度《しつど》の部屋《へや》もあり、菌類《きんるい》が育《そだ》って栄養《えいよう》が高《たか》くなったころあいを食《た》べることもあるそう。

悲《かな》しいことに、すみかのある砂漠《さばく》は、石《せき》油《ゆ》が発見《はっけん》されたり農地《のうち》にされたりして減《へ》ってしまい、絶滅《ぜつめつ》の危機《きき》にあるのです。

★分類《ぶんるい》：齧歯目《げっしもく》ポケットマウス科《か》　★大《おお》きさ：15㎝　★分布《ぶんぷ》：アメリカ西部《せいぶ》

淡水《たんすい》

超呼吸《ちょうこきゅう》

眠《ねむ》れよカメ！

イシガメ

爬《は》虫類《ちゅうるい》

冬眠中《とうみんちゅう》は、体《からだ》の機能《きのう》をほとんど使《つか》わないので、皮《ひ》ふ呼吸《こきゅう》と粘膜呼吸《ねんまくこきゅう》だけでも生《い》きていられる。

水辺《みずべ》に暮《く》らすカメのなかまは、長時間《ちょうじかん》水《すい》中《ちゅう》にもぐることができます。なかには、水《すい》中《ちゅう》で冬眠《とうみん》するものもいます。魚《さかな》とちがってえらのないカメは、肺《はい》で呼吸《こきゅう》をしますが、水《みず》にとけている酸素《さんそ》を皮《ひ》ふからとりこむ「皮《ひ》ふ呼吸《こきゅう》」と、のどやおしりの穴《あな》の粘《ねん》膜《まく》を通《とお》して毛細血管《もうさいけっかん》に取《と》り入《い》れる「粘膜呼《ねんまくこ》吸《きゅう》」をするものもいます。水面《すいめん》から顔《かお》を出《だ》す鼻呼吸《はなこきゅう》と合《あ》わせると、3つもの呼吸法《こきゅうほう》を使《つか》い分《わ》けているというのです。

呼吸《こきゅう》のスペシャリストのカメですが、甲《こう》らがあるので、人間《にんげん》のように筋肉《きんにく》を使《つか》って肺《はい》をふくらましたり、縮《ちぢ》めたりできません。頭《あたま》やあしを甲《こう》らから出《だ》し入《い》れして、ポンプの要領《ようりょう》で肺《はい》を動《うご》かすのです。ときにじたばたしているようですが、苦《くる》しいわけではありません。

★分類《ぶんるい》：カメ目《もく》イシガメ科《か》 ★大《おお》きさ：甲長《こうちょう》15㎝ ★分布《ぶんぷ》：本州《ほんしゅう》、四国《しこく》、九州《きゅうしゅう》など

超保水《ちょうほすい》

湿地《しっち》の子《こ》守唄《もりうた》

フタユビアンフューマ

両生類《りょうせいるい》

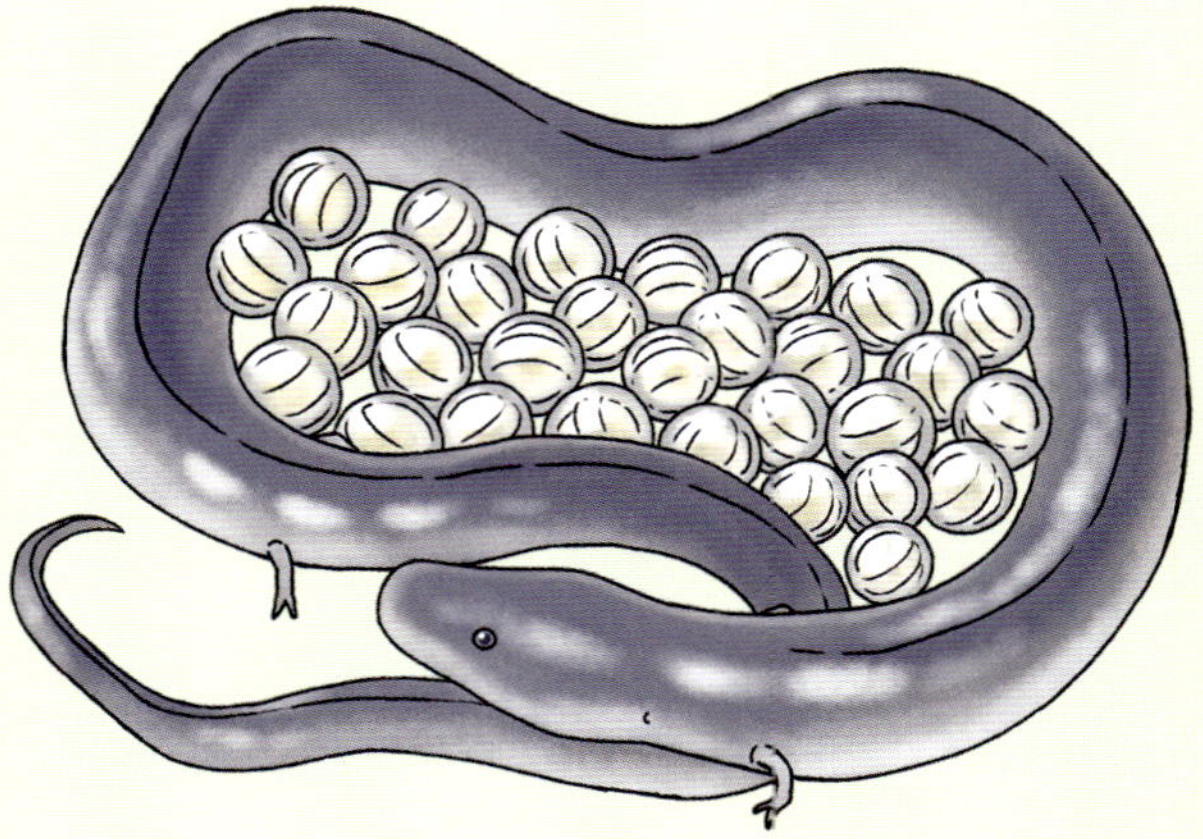

卵《たまご》をだくフタユビアンフューマ。

ウナギによく似《に》た両生類《りょうせいるい》で、よく見《み》ると小《ちい》さいあしがあります。川《かわ》や池《いけ》、湿地《しっち》などの穴《あな》や流木《りゅうぼく》の下《した》という、すみかもウナギにそっくり、しかも両生類《りょうせいるい》にはあるまぶたがないという、ほぼウナギな変《へん》な両生類《りょうせいるい》です。

生活《せいかつ》の場所《ばしょ》はおもに水中《すいちゅう》なのですが、産《さん》卵《らん》は、カエルなどとちがい、上陸《じょうりく》して倒木《とうぼく》の下《した》などのしめった場所《ばしょ》で行《おこな》います。おとなは肺呼吸《はいこきゅう》ができ、乾燥《かんそう》にもある程度《ていど》強《つよ》いのですが、卵《たまご》はそうはいきません。急《きゅう》な乾《かん》燥《そう》にもたえられるように、母親《ははおや》は卵《たまご》がふ化《か》するまで、なんと5か月間《げつかん》も守《まも》ります。おとなの体《からだ》のヌルヌルした粘膜《ねんまく》は、水分《すいぶん》の供《きょう》給《きゅう》にも役立《やくだ》っていると考《かんが》えられています。

あしもそんなに役《やく》に立《た》たなそうですし、産卵《さんらん》も水中《すいちゅう》ですればいいのに！　と、思《おも》うのですが、なにか事情《じじょう》があるのでしょう。

★分類《ぶんるい》：有尾目《ゆうびもく》アンフューマ科《か》　★大《おお》きさ：1m　★分布《ぶんぷ》：アメリカ

淡水《たんすい》

超復活《ちょうふっかつ》

よみがえるミイラ昆虫《こんちゅう》

ネムリユスリカ

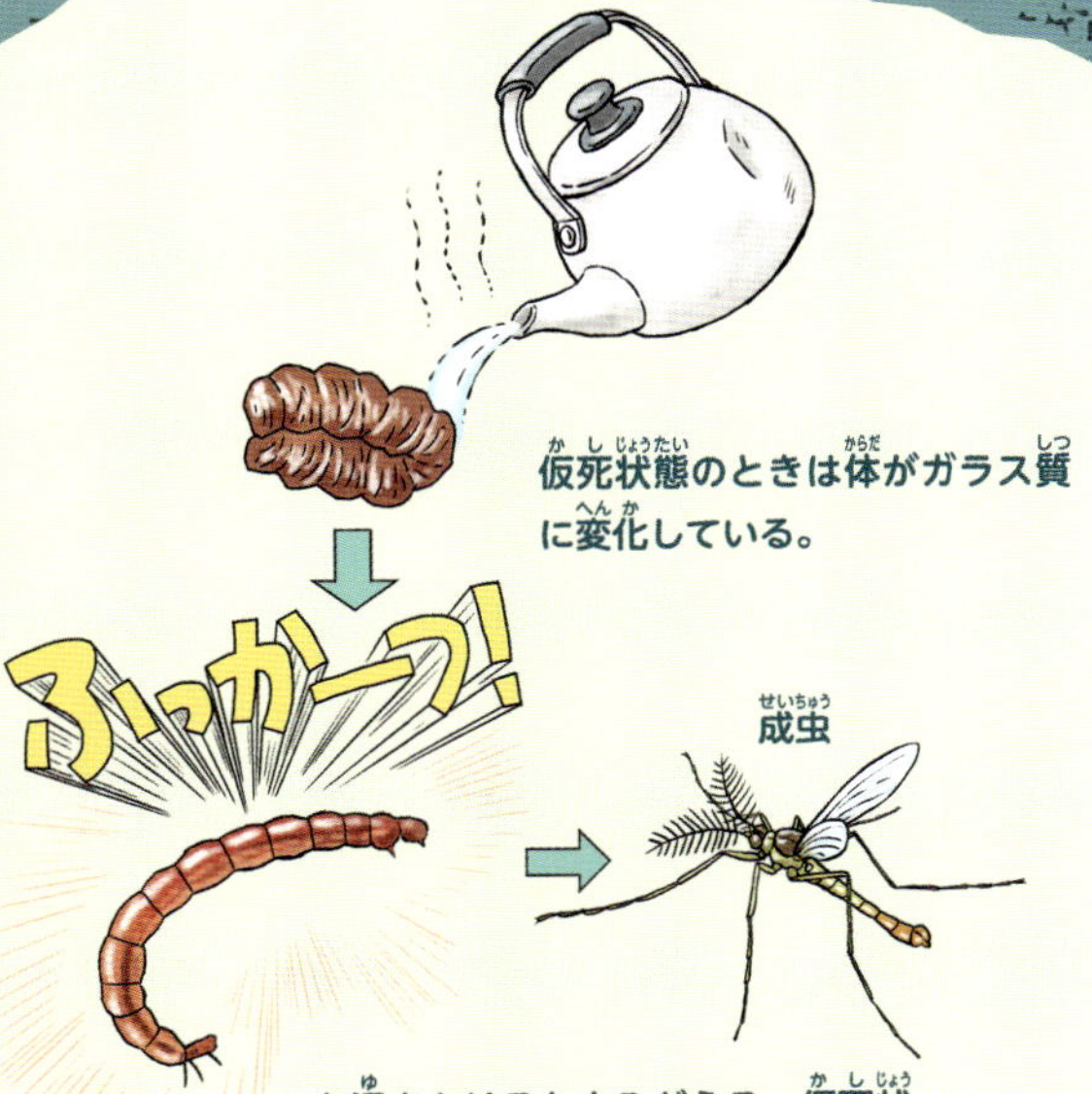

仮死状態《かしじょうたい》のときは体《からだ》がガラス質《しつ》に変化《へんか》している。

お湯《ゆ》をかけるとよみがえる。仮死状態《かしじょうたい》になるのも復活《ふっかつ》するのも、一気《いっき》に変化《へんか》が起《お》こったほうがよい。

雨《あめ》がほとんど降《ふ》らない乾季《かんき》が、8か月《げつ》も続《つづ》くアフリカ中部《ちゅうぶ》に暮《く》らすユスリカのなかまです。ユスリカの幼虫《ようちゅう》は、魚《さかな》のえさの「赤虫《あかむし》」として売《う》られています。幼虫《ようちゅう》の時期《じき》を水中《すいちゅう》で暮《く》らすユスリカのなかまは、乾燥《かんそう》に弱《よわ》いものがほとんどですが、ネムリユスリカの幼虫《ようちゅう》は、この乾季《かんき》をからからにかわいたミイラのようになって過《す》ごし、雨《あめ》が降《ふ》ると復活《ふっかつ》して、また成長《せいちょう》します。

乾燥《かんそう》した状態《じょうたい》のネムリユスリカが、国際《こくさい》宇宙《うちゅう》ステーションから、真空《しんくう》で超低温《ちょうていおん》の宇宙空間《うちゅうくうかん》に出《だ》されても、生《い》き返《かえ》ったことが確認《かくにん》されていますし、放射線《ほうしゃせん》に強《つよ》いこともわかっています。まさに不死身昆虫《ふじみこんちゅう》ですが、ミイラ化《か》して生《い》き残《のこ》る能力《のうりょく》をもつのは幼虫《ようちゅう》だけ。残念《ざんねん》ながら卵《たまご》やさなぎ、成虫《せいちゅう》では乾燥《かんそう》して死《し》んでしまいます。

★分類《ぶんるい》：双翅目《そうしもく》ユスリカ科《か》 ★大《おお》きさ：1㎝ ★分布《ぶんぷ》：ナイジェリア、マラウイ

超変形《ちょうへんけい》

24時間後《じかんご》の新世代《しんせだい》

ミジンコ 甲殻類《こうかくるい》

フサカの幼虫《ようちゅう》

子孫《しそん》の代《だい》で生《い》き残《のこ》れるように、体《からだ》を変化《へんか》させる能力《のうりょく》は強力《きょうりょく》な武器《ぶき》だ。

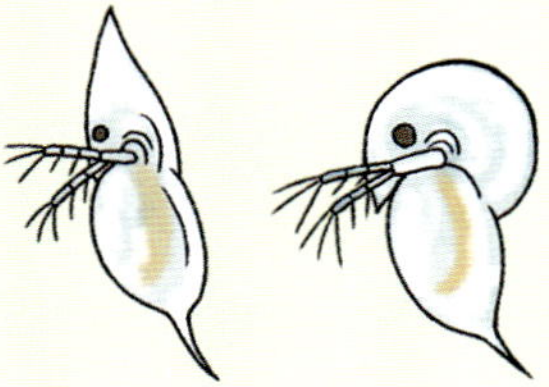

種類《しゅるい》によってはとんがりぼうしやヘルメットをもつようになるものもいる。

川《かわ》や沼《ぬま》に暮《く》らすミジンコの天敵《てんてき》は、フサカというカのなかまの幼虫《ようちゅう》（ボウフラ）。フサカがやってくると、防《ぼう》ぎょのためにとげをもつミジンコが現《あらわ》れ、食《た》べたフサカははき出《だ》してしまいます。ただ、この形態《けいたい》が現《あらわ》れるのは、フサカの出《だ》す物質《ぶっしつ》を感《かん》じとったミジンコが産《う》んだ次《つぎ》の世代《せだい》。卵《たまご》がかえるまで早《はや》くても1日《にち》かかるので、そのあいだは食《た》べられ放題《ほうだい》。だいぶのんびりです。

しかしミジンコは、その繁殖力《はんしょくりょく》がすごい。日本中《にほんじゅう》の池《いけ》や沼《ぬま》で見《み》られますが、もともとは、アメリカからやってきた4個体《こたい》のメスと考《かんが》えられています。この繁殖力《はんしょくりょく》があれば、多少《たしょう》食《た》べられても問題《もんだい》ありません。しかも数世代《すうせだい》あれば、濃《こ》い塩分濃度《えんぶんのうど》のような環境《かんきょう》にも平気《へいき》なものが現《あらわ》れるという対応力《たいおうりょく》。この変化能力《へんかのうりょく》はあなどれません。

★分類《ぶんるい》：双殻目《そうかくもく》ミジンコ科《か》 ★大《おお》きさ：体長《たいちょう》1.5～3.5㎜ ★分布《ぶんぷ》：アジアなど

超発光《ちょうはっこう》

光の忍《にん》者

ホタルイカ

軟体動物《なんたいどうぶつ》

産卵《さんらん》を終《お》えたホタルイカは死《し》んでしまう。富山県《とやまけん》の「ホタルイカ群遊海面《ぐんゆうかいめん》」は国《くに》の特《とく》別天然記念物《べつてんねんきねんぶつ》に指定《してい》されている。

ホタルイカは、水深《すいしん》200〜600mほどの深海《しんかい》に暮《く》らしているイカで、晩冬《ばんとう》から春《はる》にかけて、産卵《さんらん》のために水深《すいしん》の浅《あさ》いところに集《あつ》まってきます。

名前《なまえ》に「ホタル」とつくとおり、光《ひかり》を発《はっ》します。体内《たいない》の「ルシフェリン」という物《ぶっ》質《しつ》に「ルシフェラーゼ」という酵素《こうそ》がはたらくことで光《ひか》るのです。熱《ねつ》を出《だ》さないので「冷《つめ》たい光《ひかり》」とよばれます。

光《ひかり》の強《つよ》さは調整可能《ちょうせいかのう》。ぱっと光《ひか》って敵《てき》の目《め》を向《む》けさせて、すっと光《ひかり》を消《け》してその場《ば》からにげる「光隠《ひかりがく》れの術《じゅつ》」や、昼《ひる》や月明《つきあ》かりでまわりが明《あか》るいときに、自分《じぶん》が影《かげ》にならないように光《ひか》る「影隠《かげかく》しの術《じゅつ》」などを使《つか》って忍者《にんじゃ》のよう。でも悲《かな》しいことに、その光《ひかり》のせいで人間《にんげん》につかまったり、きれいだと見物《けんぶつ》されたりしてしまうのです。

★分類《ぶんるい》：開眼目《かいがんもく》ホタルイカモドキ科《か》 ★大《おお》きさ：10〜12㎝ ★分布《ぶんぷ》：日本海《にほんかい》、本州《ほんしゅう》・四国沖《しこくおき》

超耐圧《ちょうたいあつ》

悪《あく》夢《む》の膨《ぼう》張《ちょう》

ニュウドウカジカ

魚類《ぎょるい》

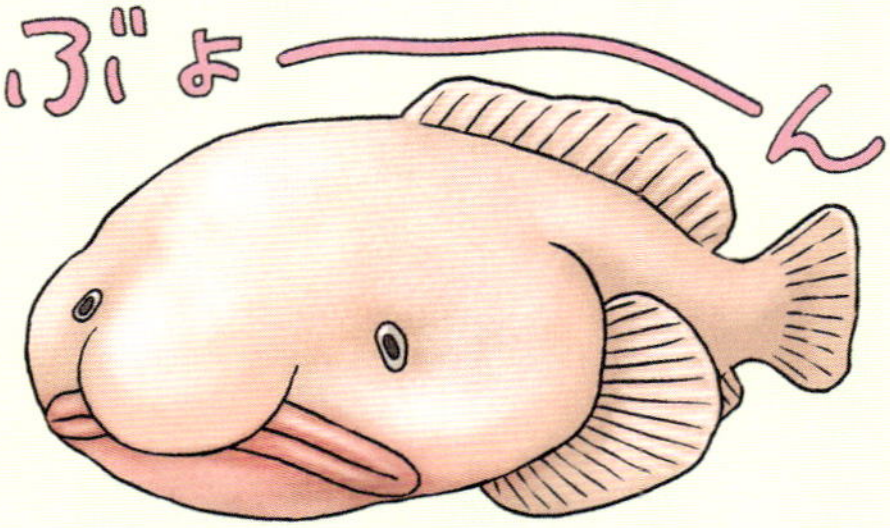

深海《しんかい》から引《ひ》き上《あ》げられたばっかりに……。

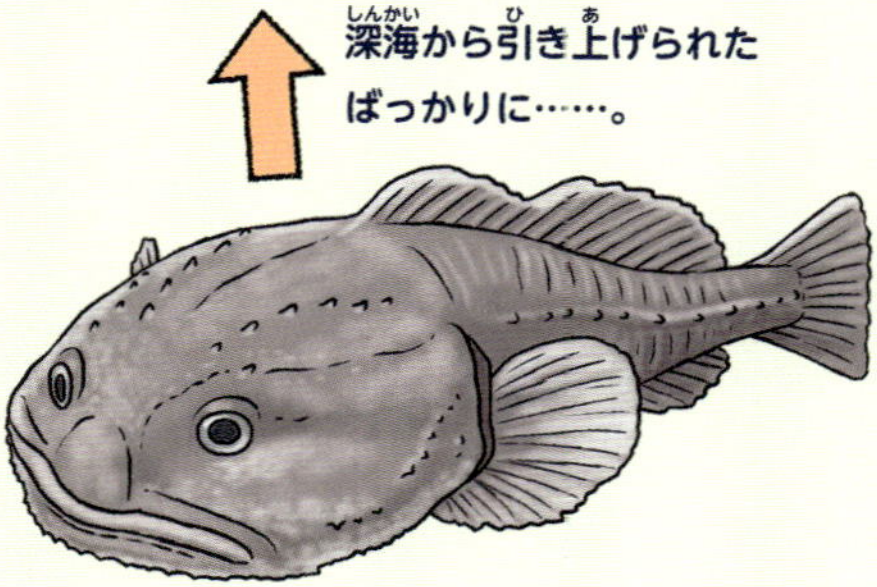

高《たか》い水圧《すいあつ》がかかる深海《しんかい》で暮《く》らす魚《さかな》は、体《からだ》が圧力《あつりょく》に強《つよ》いタンパク質《しつ》でつくられていたり、浮《う》きぶくろをもっていなかったり、さまざまなしくみをもっています。

ニュウドウカジカは、表皮《ひょうひ》と筋肉《きんにく》の間《あいだ》に水分《すいぶん》を多《おお》くふくむゼラチン質《しつ》をたくさんもっていて、周囲《しゅうい》の水圧《すいあつ》とバランスをとっています。ゼラチンは海水《かいすい》よりもほんの少《すこ》し重《おも》いので、泳《およ》ぐ労力《ろうりょく》を使《つか》わずに、海底《かいてい》近《ちか》くに浮《う》かんで省《しょう》エネ生活《せいかつ》を送《おく》ることもできます。

しかし、漁船《ぎょせん》につかまって急《きゅう》に浅《あさ》い水深《すいしん》まで引《ひ》き上《あ》げられると、ゼラチン質《しつ》がブヨブヨとふくらんで、まったくちがう見《み》た目《め》に……。そのせいで、もっともみにくい動《どう》物《ぶつ》といわれたことも。かってに引《ひ》き上《あ》げておいて、申《もう》し訳《わけ》ないことです。

★分類《ぶんるい》：カサゴ目《もく》ウラナイカジカ科《か》　★大《おお》きさ：70㎝　★分布《ぶんぷ》：水深《すいしん》800～2800mの深海《しんかい》

超不凍《ちょうふとう》

透《とう》明《めい》な血《ち》

ジャノメコオリウオ

魚類《ぎょるい》

体《からだ》の表面《ひょうめん》からも酸素《さんそ》を取《と》り入《い》れているといわれている。

わたしたち人間《にんげん》をふくむ脊椎動物《せきついどうぶつ》には、赤《あか》い血《ち》が流《なが》れています。血《ち》の赤色《あかいろ》は、体中《からだじゅう》に酸素《さんそ》を運《はこ》ぶ赤血球《せっけっきゅう》のタンパク質《しつ》、ヘモグロビンの色《いろ》。これがないと脳《のう》に酸素《さんそ》が運《はこ》ばれずに死《し》んでしまう大事《だいじ》なものです。

なのにコオリウオの血液《けつえき》には、ヘモグロビンがなく透明《とうめい》です。どうやら、血液《けつえき》の液《えき》体《たい》「血《けっ》しょう」にも酸素《さんそ》はとけているので、大《おお》きな心臓《しんぞう》で大量《たいりょう》の血液《けつえき》を、体中《からだじゅう》にどんどん送《おく》ることで酸素《さんそ》を供給《きょうきゅう》しているようです。大量《たいりょう》の酸素《さんそ》がとけている南極《なんきょく》の海《うみ》だからこそできる、効率《こうりつ》よりも量《りょう》を重視《じゅうし》した作戦《さくせん》でしょう。そのかわり血液《けつえき》には「不凍《ふとう》タンパク質《しつ》」とよばれるタンパク質《しつ》があり、氷点下《ひょうてんか》の海水中《かいすいちゅう》でもこおりません。まさに南極仕様《なんきょくしよう》の体《からだ》。おそらくほかの土地《とち》では生《い》きられない、特別《とくべつ》な専用設計《せんようせっけい》ですね。

★分類《ぶんるい》：スズキ目《もく》コオリウオ科《か》 ★大《おお》きさ：55㎝ ★分布《ぶんぷ》：南極海《なんきょくかい》

ここまでくれば、ほぼ無敵《むてき》！　ダイヤモンド級《きゅう》の守備《しゅび》だ！

がっちりかたまりまショウ！

丸《まる》まってガード

ミツオビアルマジロ

ヒョウの歯《は》も通《とお》さない、かたい皮《ひ》ふのうろこでおおわれている。丸《まる》まったとき完《かん》全《ぜん》に球体《きゅうたい》になれるのはミツオビアルマジロだけなんだ。

鉄《てつ》の鎧《よろい》をもつ貝《かい》

ウロコフネタマガイ

かたい貝殻《かいがら》だけじゃなく、体《からだ》をおおう鉄《てつ》のうろこでも身《み》を守《まも》る！　インド洋《よう》の深《ふか》い海底《かいてい》の、熱水《ねっすい》が出《で》る場所《ばしょ》で見《み》つかったよ。

かたさ昆虫界《こんちゅうかい》No.1

クロカタゾウムシ

丸《まる》い玉《たま》をつなげたような体《からだ》はとてもかたくて、人間《にんげん》がふんでもだいじょうぶ。そのせいか、羽《はね》がなくなって、飛《と》ぶことはできないよ。

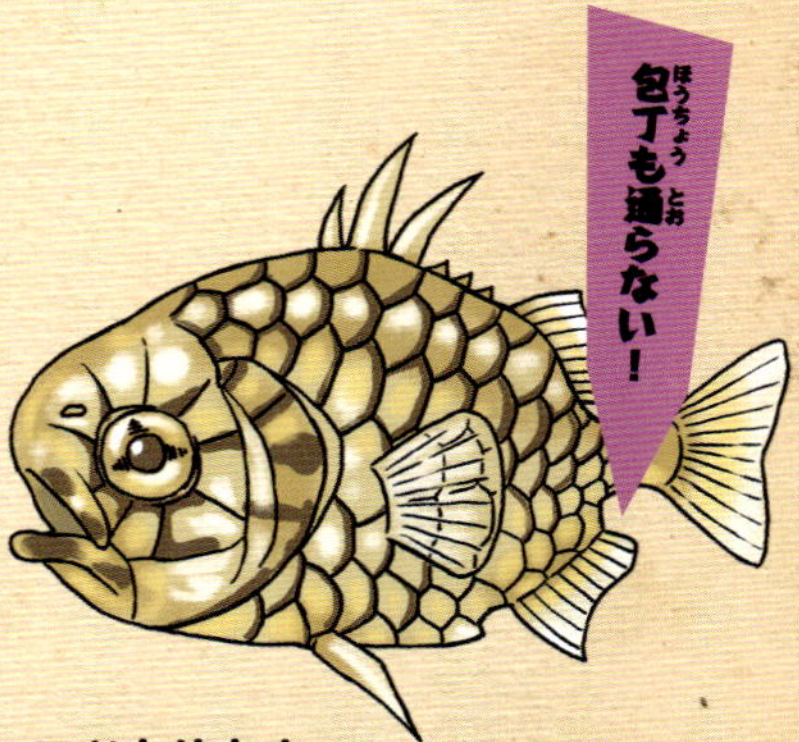

包丁《ほうちょう》も通《とお》らない！

マツカサウオ

うろこがとてもかたく、かたいとげもあるので、市場《いちば》でもやっかいものだ！でも、おいしいらしいよ。

第《だい》4章《しょう》

すごいプロポーズ・すごい家《いえ》

モテ男《お》入門《にゅうもん》

生物《せいぶつ》が生《い》きる大《おお》きな理由《りゆう》、それは子孫《しそん》を残《のこ》すことです。よりよい子孫《しそん》を残《のこ》すために、多《おお》くの生物《せいぶつ》は、健康《けんこう》で強《つよ》い異性《いせい》を求《もと》めます。結果《けっか》、強《つよ》い子孫《しそん》が残《のこ》るのです。メスがオスを選《えら》ぶことが多《おお》く、繁殖期《はんしょくき》になるとオスはメスの気《き》を引《ひ》こうと、派《は》手《で》な姿《すがた》でめだったり、鳴《な》いたり、戦《たたか》ったりと猛《もう》アタックを開《かい》始《し》します。

シカのオスの立派《りっぱ》な角《つの》は、強力《きょうりょく》な武器《ぶき》であるとともに、強《つよ》いオスである証《あか》し。大《おお》きさを比《くら》べたり、角《つの》をつき合《あ》わせてライバルと戦《たたか》ったりします。

鳥《とり》には、クジャクのようにオスが派手《はで》な羽毛《うもう》をもつものや、ウグイスのように恋《こい》の歌《うた》「さえずり」をするものがいます。めだってメスの目《め》にとまり、自分《じぶん》のもつなわばりをアピールするためです。美《うつく》しい羽毛《うもう》を生《は》やすのも、大声《おおごえ》でさえずるの

カワセミが魚《さかな》をわたして求愛《きゅうあい》する「求愛給餌《きゅうあいきゅうじ》」。

も、健康《けんこう》で体力《たいりょく》がある証拠《しょうこ》でもあるのです。プレゼントをするものも、よく見《み》られます。カワセミのオスが魚《さかな》をプレゼントして求愛《きゅうあい》するのは、メスに、自分《じぶん》はこんなに強《つよ》くて生活力《せいかつりょく》があって、強《つよ》い子孫《しそん》を残《のこ》せますよ！ といっているのです。

昆虫《こんちゅう》にだって、スズムシのように鳴《な》き声《ごえ》をあげるものがいます。これは広《ひろ》い空間《くうかん》で、おたがいのいる場所《ばしょ》を知《し》って出会《であ》うため。カブトムシやクワガタムシは、メスを争《あらそ》って角《つの》や大《おお》あごでライバルを投《な》げ飛《と》ばす実力行使《じつりょくこうし》に出《で》ます。

ときには、ふしぎなダンスをするクモのように、ちょっとおもしろい方法《ほうほう》で求愛《きゅうあい》するものもいます。これもモテテクニックをもつものが子孫《しそん》を残《のこ》せるという進化《しんか》の流《なが》れ。

オスとメス、ちがう遺伝子《いでんし》をもつものが出会《であ》って子《こ》どもをつくることで、遺伝子《いでんし》に多様性《たようせい》が生《う》まれます。いろいろな特《とく》徴《ちょう》をもった子《こ》どもたちが生《う》まれるので、環境《かんきょう》の変化《へんか》に対応《たいおう》できるといったよい点《てん》があります。いきものは、子孫《しそん》をより多《おお》く、後世《こうせい》まで残《のこ》そうと、出会《であ》いにも一生《いっしょう》けんめいです。

スズムシのオスのはねは鳴《な》き声《ごえ》を出《だ》せるようにできている。

超高音《ちょうこうおん》

マッチョな演《えん》奏《そう》家《か》

キガタヒメマイコドリ

鳥類《ちょうるい》

じょうずに音《おと》を出《だ》せるほうがもてる！

鳥界《とりかい》で羽《は》ばたきの回数《かいすう》チャンピオンは、ハチドリ。1秒間《びょうかん》に50回《かい》、多《おお》いときは80回《かい》ほども羽《は》ばたきます。しかし、飛《と》ばなくてもよければ、世界一《せかいいち》はキガタヒメマイコドリ。毎秒《まいびょう》107回《かい》でつばさを動《うご》かします。

そんなにつばさを動《うご》かすのは、もちろんオスがメスをさそうため。左右《さゆう》のつばさを打《う》ちつけて「ピーン」という甲高《かんだか》い金属音《きんぞくおん》を立《た》てます。つばさの羽毛《うもう》の軸《じく》に、やすりのような部分《ぶぶん》があって、ここをすり合《あ》わせると音《おと》が出《で》るのです。スズムシやコオロギのようです。

高速《こうそく》の羽《は》ばたきをするために胸《むね》の筋肉《きんにく》がとても発達《はったつ》していますが、そのせいで、飛《と》ぶのがちょっとへたなんだそうです。体力《たいりょく》も使《つか》っていそうですし、敵《てき》がやってきたらにげられないのではと心配《しんぱい》になります。

★分類《ぶんるい》：スズメ目《もく》マイコドリ科《か》　★大《おお》きさ：9.5㎝　★分布《ぶんぷ》：エクアドル、コロンビア

超舞踏《ちょうぶとう》

恋《こい》する傾《かぶ》奇《き》者《もの》

クジャクグモ　クモ類《るい》

おどるように小刻《こきざ》みに動《うご》き、震動《しんどう》でもメスにアピールしていると考《かんが》えられている。

クジャクグモは、家《いえ》の中《なか》でよく見《み》る、飛《と》ぶように移動《いどう》する小《ちい》さなハエトリグモのなかま。草木《くさき》の上《うえ》や地上《ちじょう》を歩《ある》き回《まわ》りながら、食《た》べものをとるクモです。

オスの色《いろ》はとってもカラフル。おなかの左右《さゆう》に、ひれのようなものがたたまれていて、広《ひろ》げると派手《はで》な旗《はた》のようになります。メスに出会《であ》うと、前《まえ》から3番目《ばんめ》のあしを高《たか》く上《あ》げて左右《さゆう》にふり、おなかをもち上《あ》げて、ぱっと広《ひろ》げておどります。求愛《きゅうあい》のためだけに身《み》につけた旗《はた》。出会《であ》いがいかに大切《たいせつ》か、うかがい知《し》れる進化《しんか》です。

そんなけんめいな求愛《きゅうあい》にも、メスがまったく目《め》をくれないときもあるそう。そんなときのメスは生来《せいらい》のハンターでしかなく、オスといえども、獲物《えもの》でしかありません。求愛《きゅうあい》も命《いのち》がけなクモの世界《せかい》です。

★分類《ぶんるい》：クモ目《もく》ハエトリグモ科《か》　★大《おお》きさ：2～6㎜　★分布《ぶんぷ》：オーストラリア

超豪邸《ちょうごうてい》

庭《にわ》師《し》の邸《てい》宅《たく》

チャイロニワシドリ

鳥類《ちょうるい》

「庭師鳥《にわしどり》」という名前《なまえ》がぴったり！オスによって個性的《こせいてき》な小屋《こや》づくりをする。

ニワシドリのなかまは、「アズマヤドリ＝東屋鳥《あずまやどり》」や「コヤツクリ＝小屋《こや》つくり」といった別名《べつめい》でよばれます。巣《す》をつくる鳥《とり》なんてふつう、と思《おも》うかもしれませんが、ただの「巣《す》」ではなく、「小屋《こや》」をつくるのです！

まずはメスをさそうために、落《お》ち葉《ば》やかれ枝《えだ》をそうじして、直径《ちょっけい》1～3ｍくらいの広《ひろ》さの庭《にわ》をつくります。それからかれ枝《えだ》などを集《あつ》めて小屋《こや》をつくります。

チャイロニワシドリの小屋《こや》は、このなかまのなかでもとくに、屋根《やね》つきでしっかりしたものです。さらに、あざやかな色《いろ》の木《き》の実《み》や花《はな》、きのこ、昆虫《こんちゅう》のはねなどをたくさん置《お》いて、まわりをかざりつけるのです。

メスに対《たい》して、豪邸《ごうてい》をつくれるし、きれいなものがいっぱい見《み》つけられるほどなわ

なかまのアオアズマヤドリは、鳥《とり》の羽《はね》やボトルのキャップなどでも青《あお》いものばかり集《あつ》めるこだわりやさん。

オオニワシドリはカタツムリばかりを集《あつ》める。

ばりは広《ひろ》いし、何度《なんど》も何度《なんど》も運《はこ》べるほど体力《たいりょく》も採集能力《さいしゅうのうりょく》も高《たか》いんだぜ！　と、アピールしているのです。

オスの猛烈《もうれつ》アピールはまだまだ終《お》わりません。小屋《こや》のまわりで、派手《はで》におどり、動物《どうぶつ》の声《こえ》や、物音《ものおと》、機械《きかい》の音《おと》などに似《に》た声《こえ》でさそい、物《もの》まねじょうずもアピールです。これだって、頭《あたま》がよくて経験豊富《けいけんほうふ》だぜ！　と伝《つた》えたいのです。

メスはいくつかのオスをめぐり、少《すこ》し時間《じかん》をおいてから、選《えら》んだオスのもとへ向《む》かいます。しかし、卵《たまご》を産《う》む巣《す》は、メスが別《べつ》につくるそうです。あんなに気合《きあ》いを入《い》れてつくった小屋《こや》は、いったいなんだったんでしょうね。まあ、派手《はで》な家《いえ》では敵《てき》に見《み》つかってしまうので、当然《とうぜん》といえば当然《とうぜん》です。

★分類《ぶんるい》：スズメ目《もく》ニワシドリ科《か》　★大《おお》きさ：25㎝　★分布《ぶんぷ》：ニューギニア島《とう》

超保温《ちょうほおん》

バイオのゆりかご

ヤブツカツクリ

鳥類《ちょうるい》

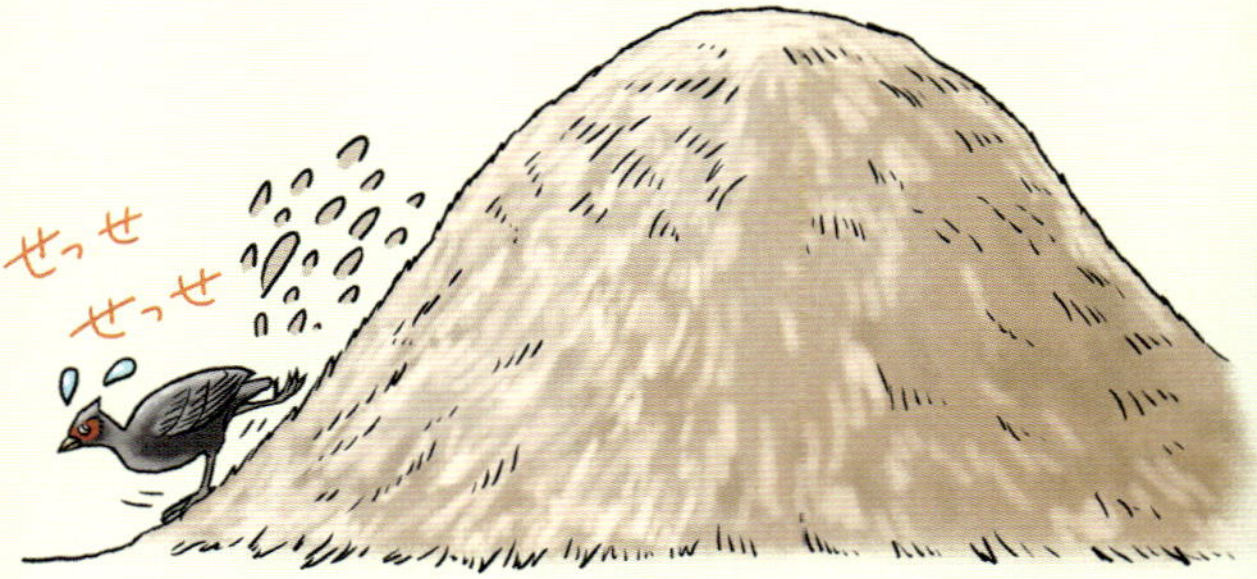

巣《す》づくりから、巣《す》の世話《せわ》までオスの仕事《しごと》。
メスは産卵《さんらん》だけをする。

鳥《とり》は卵《たまご》を温《あたた》めてふ化《か》させるものなのに、ツカツクリのなかまは卵《たまご》をだきません。まさか育児放棄《いくじほうき》？ かと思《おも》いきや、びっくりするような方法《ほうほう》で卵《たまご》を温《あたた》めるのです。

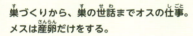

ヤブツカツクリは、オスがせっせと落《お》ち葉《ば》を後《うし》ろにけとばし、山《やま》のように積《つ》み上《あ》げて「塚《つか》」をつくります。直径《ちょっけい》は4～6m、高《たか》さは1～2m、総重量《そうじゅうりょう》は2～4トンにもなる、鳥界《とりかい》では最大《さいだい》の構造物《こうぞうぶつ》とされています。立派《りっぱ》な塚《つか》には何羽《なんわ》ものメスがやってきて、交尾《こうび》してから卵《たまご》を産《う》みつけ、落《お》ち葉《ば》をかぶせて去《さ》ります。卵《たまご》は20個《こ》から、ときには50個《こ》ほどになることもあります。

落《お》ち葉《ば》はやがて発酵《はっこう》を始《はじ》め、このときに出《で》る「発酵熱《はっこうねつ》」で卵《たまご》は温《あたた》められます。まさにバイオふ卵器《らんき》。ツカツクリがどうしてこ

卵《たまご》の中《なか》でじっくりと、じゅうぶんに育《そだ》ってからふ化《か》する。おかげで、ふ化《か》したばかりでも敵《てき》からにげられる可能《かのう》性《せい》が高《たか》まる。まずは親元《おやもと》からダッシュ。

の方法《ほうほう》を知《し》ったのか、じつにふしぎです。塚《つか》の手入《てい》れもオスの仕事《しごと》。塚《つか》の内部《ないぶ》の温《おん》度《ど》は33～36℃で、温度《おんど》が高《たか》ければ風《かぜ》を通《とお》し、低《ひく》ければ落《お》ち葉《ば》を積《つ》んで発酵《はっこう》をうながします。卵《たまご》を温《あたた》めたほうが楽《らく》じゃない？という気《き》もしますが、大量《たいりょう》の卵《たまご》を温《あたた》められ、無防《むぼう》備《び》な卵《たまご》が敵《てき》にねらわれずにすむ利点《りてん》も。

卵《たまご》がふ化《か》するまでは7週間《しゅうかん》と長《なが》く、ふ化《か》したひなは自力《じりき》で地上《ちじょう》に出《で》ていきます。ただ塚《つか》の穴《あな》が深《ふか》いと、とちゅうで力《ちから》つきてしまうひなも。それに親《おや》がふ化《か》の瞬間《しゅんかん》を見《み》ないので、自分《じぶん》の子《こ》だとわからずに、ひなを追《お》いかけ回《まわ》してしまうこともあるそうです。ひなは地上《ちじょう》に出《で》たらダッシュでにげ出《だ》さなければなりません。親子関係《おやこかんけい》という面《めん》では、かなりワイルドな鳥《とり》ですね。

★分類《ぶんるい》：キジ目《もく》ツカツクリ科《か》　★大《おお》きさ：70㎝　★分布《ぶんぷ》：オーストラリア

超発泡《ちょうはっぽう》

あわの城《しろ》

シロオビアワフキ

昆虫《こんちゅう》

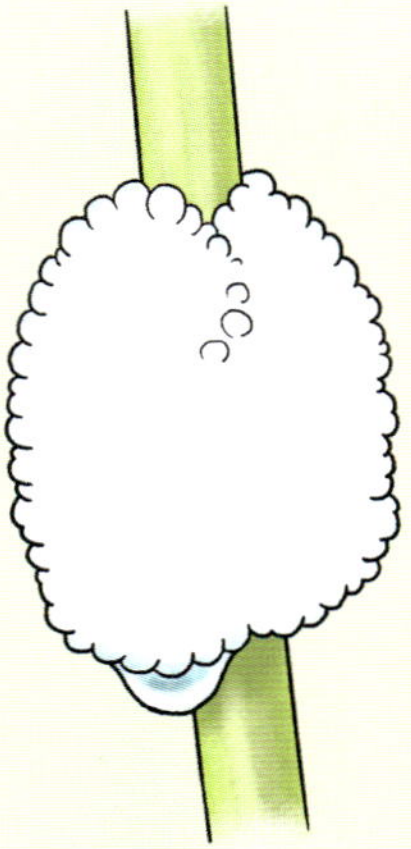

あわには幼虫《ようちゅう》の体《からだ》から出《で》た、ロウのような成分《せいぶん》やタンパク質《しつ》などがふくまれ、こわれにくい。

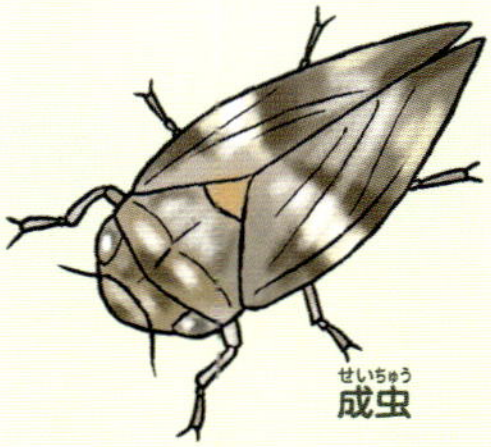

成虫《せいちゅう》

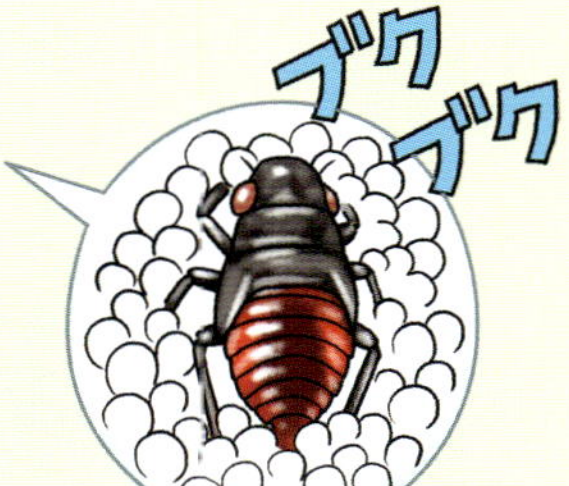

あわの中《なか》の幼虫《ようちゅう》。

春《はる》から夏《なつ》にかけて、草《くさ》の茎《くき》や葉《は》にあわのかたまりがついているのを見《み》たことがあるでしょうか？　この中《なか》にはアワフキムシという昆虫《こんちゅう》の幼虫《ようちゅう》が入《はい》っています。

アワフキムシはセミなどに近《ちか》く、幼虫《ようちゅう》は細《ほそ》くとがった口《くち》を植物《しょくぶつ》にさし、その汁《しる》を吸《す》います。栄養《えいよう》をとったあと、いらない水分《すいぶん》をおしりから出《だ》すときに、空気《くうき》を送《おく》りこんでブクブクとあわをつくります。

このあわは、息《いき》でふき飛《と》ばそうと思《おも》っても、なかなかこわれないじょうぶなものです。乾燥《かんそう》や熱《ねつ》などから守《まも》ってくれ、天敵《てんてき》のアリなどが突破《とっぱ》しようとしても、呼吸《こきゅう》をする気《き》門《もん》がふさがれてちっ息《そく》してしまいます。

あわの城《しろ》と聞《き》くと、ロマンチックな感《かん》じがしますが、材料《ざいりょう》はおしっこ……いいのか悪《わる》いのか、なやましいところです。

★分類《ぶんるい》：カメムシ目《もく》アワフキムシ科《か》　★大《おお》きさ：11～12㎜　★分布《ぶんぷ》：北海道《ほっかいどう》～九州《きゅうしゅう》

超栽培《ちょうさいばい》

森《もり》の地《ち》下《か》農《のう》場《じょう》

ハキリアリ 昆虫《こんちゅう》

葉《は》を運《はこ》ぶ働《はたら》きアリ。運《はこ》びやすいように落《お》ち葉《ば》などを片《かた》づけて、道路《どうろ》の整備《せいび》をする係《かかり》もいる。

ハキリアリが葉《は》や花《はな》をせっせと運《はこ》ぶ行列《ぎょうれつ》は、南《みなみ》アメリカではよく見《み》られる光景《こうけい》です。するどい大《おお》あごで葉《は》や花《はな》を切《き》り取《と》り、塚《つか》のような巣《す》に運《はこ》びます。

巣《す》の中《なか》の空間《くうかん》には、スポンジのようなものがつまっていますが、これは運《はこ》んだ木《き》の葉《は》を栄養《えいよう》に、アリタケという菌《きん》が増《ふ》えたもので、女王《じょおう》アリや幼虫《ようちゅう》はこの菌《きん》だけを食《た》べます。おどろくことに、働《はたら》きアリたちは菌《きん》の食《た》べものを運《はこ》んで、食料《しょくりょう》を栽培《さいばい》していたのです。まさに、きのこ農場《のうじょう》つきの巣《す》!

新《あたら》しい女王《じょおう》が生《う》まれ、独立《どくりつ》して新《あら》たに巣《す》をつくるときには、菌《きん》をくわえて旅立《たびだ》つそうです。最初《さいしょ》の働《はたら》きアリが生《う》まれるまで、40~60日《にち》は自分《じぶん》ひとりで栽培《さいばい》するそう。働《はたら》きアリが生《う》まれたら2億個《おくこ》は卵《たまご》を生《う》むというのですから、女王《じょおう》もたいへんです。

★分類《ぶんるい》：膜翅目《まくしもく》アリ科《か》 ★大《おお》きさ：2～25㎜ ★分布《ぶんぷ》：アメリカ大陸《たいりく》

超掘削《ちょうくっさく》

草《そう》原《げん》のマンモス団《だん》地《ち》

オグロプレーリードッグ

哺乳類《ほにゅうるい》

子《こ》ども部屋《べや》や寝室《しんしつ》、トイレなど、いくつもの部屋《へや》がある巣穴《すあな》。最大《さいだい》の群《む》れは4億匹《おくひき》になったとも。しかし、農場《のうじょう》の開発《かいはつ》などで残《のこ》っているのは5％に満《み》たないといわれている。

北《きた》アメリカ大陸《たいりく》の草原地帯《そうげんちたい》「プレーリー」で暮《く》らすプレーリードッグ。敵《てき》が近《ちか》づくとイヌのような鳴《な》き声《ごえ》で警戒《けいかい》するので、「草原《そうげん》のイヌ」という名前《なまえ》がつけられましたが、リスのなかまです。たくさんの部屋《へや》があるトンネル状《じょう》の巣《す》を掘《ほ》って、群《む》れで生活《せいかつ》します。

オグロプレーリードッグの家族《かぞく》は、オス1匹《ぴき》にメス3～4匹《ひき》とその子《こ》どもたち。家《か》族《ぞく》の巣穴《すあな》がたくさん集《あつ》まって、数百匹《すうひゃっぴき》の大《おお》きなコロニー（居住地《きょじゅうち》）をつくります。コロニーは1・3㎢もの広《ひろ》さになるので、「町《まち》」ともよばれます。残念《ざんねん》なことに、プレーリードッグが掘《ほ》った穴《あな》のまわりの土《つち》は、アメリカバイソンのかっこうの砂《すな》あび場《ば》。プレーリードッグには迷惑《めいわく》な話《はなし》ですが、バイソンに向《む》かって、おこってほえる姿《すがた》はかわいいでしょうね。

★分類《ぶんるい》：齧歯目《げっしもく》リス科《か》　★大《おお》きさ：28～33㎝　★分布《ぶんぷ》：アメリカ

落《お》としものフル活用《かつよう》

アナホリフクロウ

鳥類《ちょうるい》

プレーリードッグが減《へ》ってしまったことで巣穴《すあな》も不足《ふそく》し、数《かず》を減《へ》らしている。

アナホリフクロウは草原《そうげん》で暮《く》らす、ちょっと変《か》わったフクロウです。活動《かつどう》は昼間《ひるま》。巣《す》は地上《ちじょう》にあって、穴《あな》で子育《こそだ》てをしたり、ねぐらにしたりしています。食《た》べものは、地上《ちじょう》にいる昆虫《こんちゅう》などの小動物《しょうどうぶつ》。草原《そうげん》を走《はし》り回《まわ》って、おどろいた昆虫《こんちゅう》が飛《と》び出《だ》したところをすばやくつかまえます。

この変《か》わり者《もの》フクロウ、昆虫《こんちゅう》を集《あつ》めるのに道具《どうぐ》も使《つか》います。アメリカバイソンなどの哺乳類《ほにゅうるい》のうんちを巣穴《すあな》のまわりに置《お》いて、よってきた昆虫《こんちゅう》をとらえるのです。うんちは発酵《はっこう》して熱《ねつ》を出《だ》すので、巣《す》の中《なか》にもまくことで、この熱《ねつ》で巣《す》を暖《あたた》め、暖房《だんぼう》にも利用《りよう》しているようです。ちょっとしたバイオ燃料《ねんりょう》ハウスです。

穴掘《あなほ》りといいつつ、ちゃっかりプレーリードッグの古《ふる》い巣穴《すあな》を使《つか》ってますけどね。

★分類《ぶんるい》：フクロウ目《もく》フクロウ科《か》　★大《おお》きさ：24㎝　★分布《ぶんぷ》：南北《なんぼく》アメリカ

恐《きょう》怖《ふ》の地《ち》球《きゅう》家《か》族《ぞく》

アルゼンチンアリ 昆虫《こんちゅう》

特定外来生物《とくていがいらいせいぶつ》に指定《してい》され、見《み》つけたらすぐに駆除《くじょ》が必要《ひつよう》だが、たいへん難《むずか》しい。生態系《せいたいけい》の破壊《はかい》や、農作物《のうさくぶつ》の食害《しょくがい》など、さまざまな問題《もんだい》がある。

爆発的《ばくはつてき》な増殖力《ぞうしょくりょく》で世界的《せかいてき》に問題《もんだい》となっているアルゼンチンアリ。ヒアリのような毒《どく》はありませんが、強力《きょうりょく》な大《おお》あごで、昆虫《こんちゅう》だけでなく、家畜《かちく》や人間《にんげん》までかみつきます。ハンパない数《かず》の多《おお》さは、ヒアリ以上《いじょう》のこわさ。でも、どうやってそんなに数《かず》を増《ふ》やせるのでしょう。

多《おお》くのアリは1匹《ぴき》の女王《じょおう》アリとたくさんの働《はたら》きアリでコロニー（居住地《きょじゅうち》）をつくりますが、ほかのコロニーとは敵対関係《てきたいかんけい》で、いっしょになることはありません。しかしアルゼンチンアリは、ほかの巣《す》の働《はたら》きアリが入《はい》ってきても受《う》け入《い》れます。コロニーどうしも争《あらそ》わず、巣穴《すあな》がくっついたり、環境《かんきょう》が悪《わる》くなると別《べつ》の巣《す》に引《ひ》っ越《こ》したりできるので、1つの巣穴《すあな》に何匹《なんびき》かの女王《じょおう》アリがい

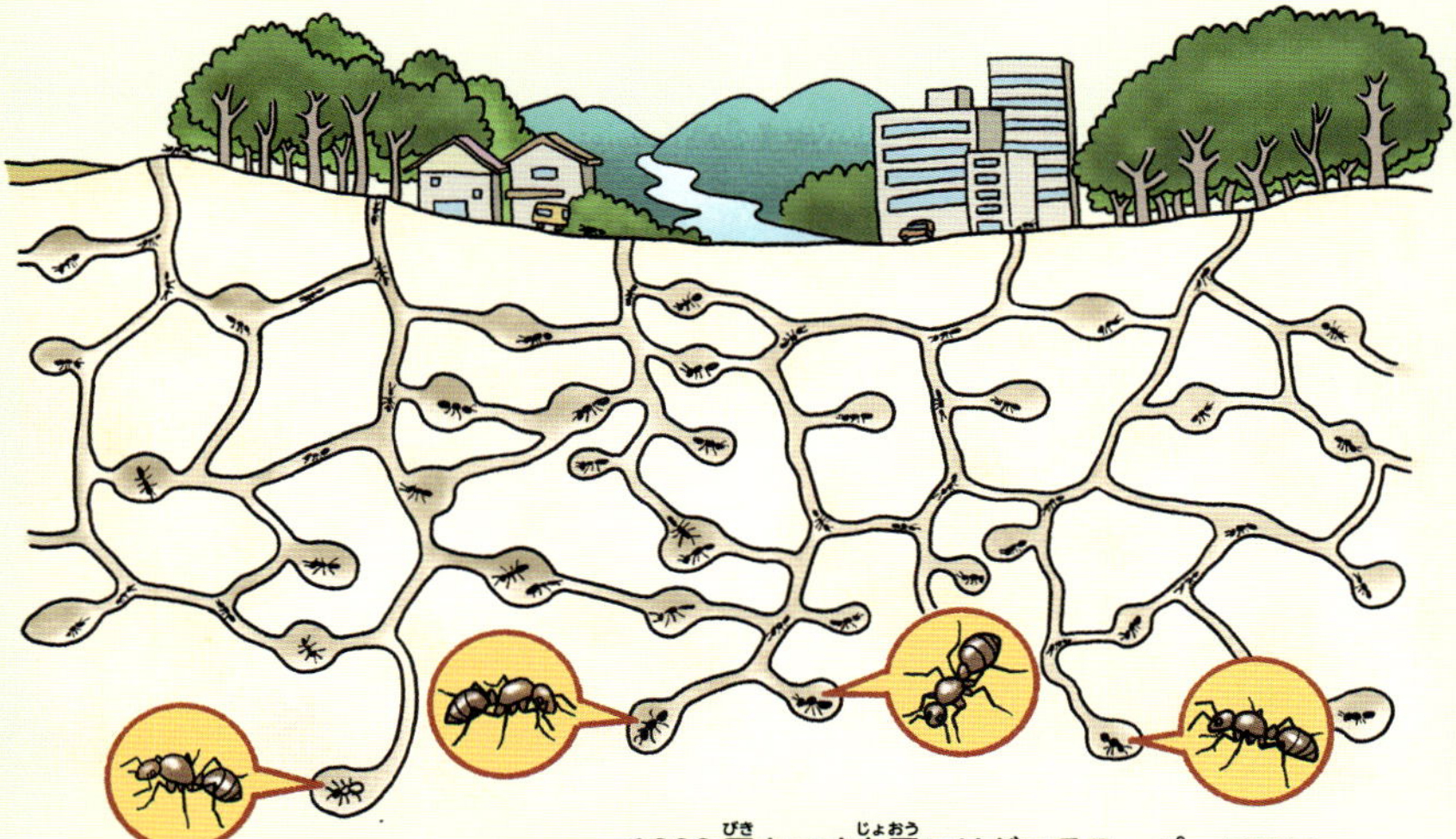

1000匹《びき》をこす女王《じょおう》アリがいるスーパーコロニーもあるらしい。

る「スーパーコロニー」をつくります。

ヨーロッパ南部《なんぶ》では6000㎞の距離《きょり》にわたるスーパーコロニーが知《し》られています。日本《にほん》でも、山口県《やまぐちけん》から愛知県《あいちけん》まで、400㎞にわたるスーパーコロニーがあるといわれています。もともとの生息地《せいそくち》・南《みなみ》アメリカ大陸《たいりく》では、スーパーコロニーどうしは敵《てき》対関係《たいかんけい》にあり、爆発的《ばくはつてき》には増《ふ》えません。しかし海外《かいがい》に出《で》たものは、限《かぎ》られた数《かず》の群《む》れから広《ひろ》がったと考《かんが》えられていて、争《あらそ》うことなく増《ふ》え続《つづ》けているのです。

アルゼンチンアリの新女王《しんじょおう》は、羽《はね》があるのになぜか飛《と》びません。地中《ちちゅう》でオスと交尾《こうび》して羽《はね》は落《お》とします。もしも飛《と》んで新《あたら》しい巣《す》をつくったとしたら、もっとおそろしい侵略《しんりゃく》だったはず。むだな羽《はね》でよかった。

★分類《ぶんるい》：膜翅目《まくしもく》アリ科《か》　★大《おお》きさ：働《はたら》きアリ 2.5㎜　★分布《ぶんぷ》：南《みなみ》アメリカ

超作画《ちょうさくが》

海《うみ》のミステリーサークル

アマミホシゾラフグ

魚類《ぎょるい》

放射状《ほうしゃじょう》の巣《す》は、海流《かいりゅう》がどの方向《ほうこう》から流《なが》れてきても、中心《ちゅうしん》に新鮮《しんせん》な海水《かいすい》が流《なが》れこむという効果《こうか》があるとも考《かんが》えられる。

1995年《ねん》くらいから知《し》られていた、奄《あま》美《み》大島《おおしま》や琉球諸島《りゅうきゅうしょとう》の海底《かいてい》にえがかれるふしぎな模様《もよう》。20年近《ねんちか》くなぞだった、この作者《さくしゃ》の正体《しょうたい》はなんと小《ちい》さなフグ!?

2014年《ねん》に新種《しんしゅ》として報告《ほうこく》されたアマミホシゾラフグは、オスが産卵《さんらん》のための巣《す》をつくります。直径《ちょっけい》2mほどの円形《えんけい》で、砂《すな》地《じ》の海底《かいてい》をこするように泳《およ》ぎながら、胸《むな》びれや尾《お》びれで、中心《ちゅうしん》から放射状《ほうしゃじょう》の線《せん》の模様《もよう》をつけていきます。さらに、貝殻《かいがら》をくだいて、かざりつけもします。

メスは巣《す》が気《き》に入《い》ると、その中心《ちゅうしん》で産《さん》卵《らん》。そのあいだ、オスは確実《かくじつ》に受精《じゅせい》させるためか、メスをかんで固定《こてい》することもあるとか。巣《す》づくりは1週間《しゅうかん》もかかるので、必《ひっ》死《し》になるのもわかりますが、フグの歯《は》はするどいので、やさしくしてほしいものです。

★分類《ぶんるい》：フグ目《もく》フグ科《か》 ★大《おお》きさ：12㎝ ★分布《ぶんぷ》：奄美諸島《あまみしょとう》、琉球諸島周辺《りゅうきゅうしょとうしゅうへん》

超漂流《ちょうひょうりゅう》

あわのイカダ

アサガオガイ

軟体動物《なんたいどうぶつ》

色《いろ》はあわい紫色《むらさきいろ》。アサガオの色《いろ》に似《に》ているので、アサガオガイの名《な》がついた。

貝《かい》のなかにはぷかぷか浮《う》かんで暮《く》らすものがいます。アサガオガイもそのひとつ。あしから細《こま》かいあわを出《だ》し、この下《した》にぶら下《さ》がって水面《すいめん》をただようのです。粘着質《ねんちゃくしつ》のあわはくっつきやすいので、ときには大《おお》きな群《む》れになることも。まるであわの集合住宅《しゅうごうじゅうたく》ですね。卵《たまご》もあわに産《う》みつけます。

世界中《せかいじゅう》の温帯《おんたい》や熱帯《ねったい》の海《うみ》に分布《ぶんぷ》しますが、海流《かいりゅう》に流《なが》されるだけで自分《じぶん》では方向《ほうこう》を決《き》められません。同《おな》じく水面《すいめん》をただようカツオノエボシなどのクラゲを食《た》べる、とにかく海流《かいりゅう》まかせの一生《いっしょう》です。

貝《かい》なのに殻《から》はうすくてもろく、軽《かる》いので、浮《う》かぶには有利《ゆうり》ですが、強《つよ》い風《かぜ》のあとには、海岸《かいがん》に大量《たいりょう》に打《う》ち上《あ》げられてしまうことも。気《き》ままな放浪生活《ほうろうせいかつ》に見《み》えて、そんなに自由《じゆう》ではないようです。

★分類《ぶんるい》：腹足綱《ふくそくこう》アサガオガイ科《か》　★大《おお》きさ：殻径《かくけい》 2.5㎝　★分布《ぶんぷ》：温帯《おんたい》、熱帯《ねったい》の表層《ひょうそう》

すごい巣《す》をつくる動物《どうぶつ》たち！
おもしろい巣《す》、びっくりする巣《す》がたくさん！

劇的《げきてき》な「匠《たくみ》」のワザを見《み》よ！

ビーバーのダム

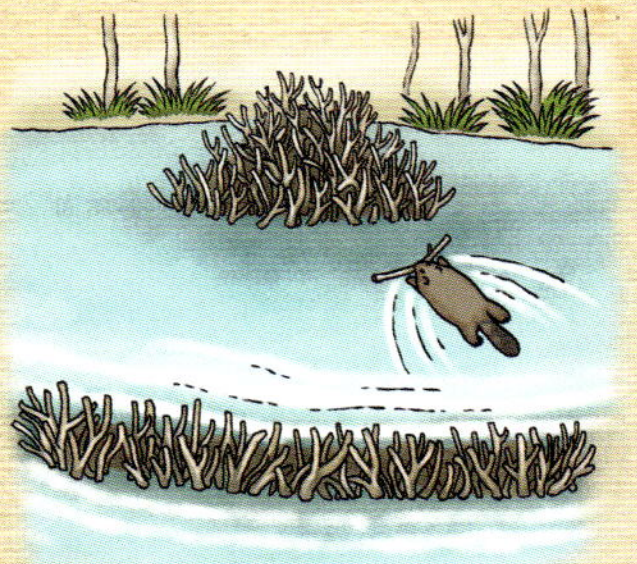

ビーバーは木《き》を切《き》り、川《かわ》をせき止《と》めてダムにし、そのなかほどに巣《す》をつくるよ。敵《てき》が近《ちか》よれない安全《あんぜん》な住《す》み家《か》だ。

カマドドリの土《つち》のドーム

高《たか》い木《き》の上《うえ》に、どろとふんでとてもじょうぶなドーム型《がた》の巣《す》をつくる。使《つか》い終《お》わった巣《す》は、ほかの動物《どうぶつ》が利用《りよう》するよ。

シロアリのつくる巨大《きょだい》な塔《とう》

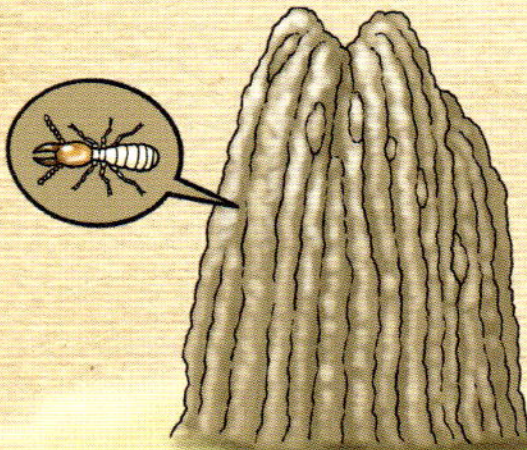

オーストラリアやアフリカのような乾燥《かんそう》した地方《ちほう》のシロアリが、土《つち》にだ液《えき》をまぜて大《おお》きなアリ塚《づか》をつくる。空気《くうき》がうまく流《なが》れるようになっていて、一定《いってい》の温度《おんど》に保《たも》たれる、エアコンつきのような巣《す》だよ。

正体《しょうたい》は○○！アナツバメの巣《す》

アマツバメのなかまのアナツバメは、洞窟《どうくつ》の中《なか》に丸《まる》い巣《す》をつくるよ。この巣《す》は、中華料理《ちゅうかりょうり》の高級食材《こうきゅうしょくざい》にされているけれど、じつはアナツバメのだ液《えき》だけでつくられているんだ。

第《だい》5章《しょう》

すごい子《こ》育《そだ》て・すごい成長《せいちょう》

次《じ》世《せ》代《だい》へのリレー

哺乳類《ほにゅうるい》や鳥類《ちょうるい》の多《おお》くで子《こ》どもは、親《おや》に敵《てき》から守《まも》られたり、食《た》べものをあたえられたりして大事《だいじ》に育《そだ》てられてから、独立《どくりつ》します。この方法《ほうほう》で子《こ》どもが生《い》き残《のこ》る可能性《かのうせい》が高《たか》まり、結果《けっか》的《てき》に種《しゅ》の繁栄《はんえい》につながるという進化《しんか》の選択《せんたく》をしたのです。

とはいっても、つきっきりで面倒《めんどう》をみるものばかりではありません。特別天然記念物《とくべつてんねんきねんぶつ》で日本《にほん》の固有種《こゆうしゅ》であるアマミノクロウサギの赤《あか》ちゃんは、1日《にち》か2日《か》に一度《いちど》だけ、おっぱいを飲《の》ませにやってくるお母《かあ》さんを、暗《くら》い穴《あな》の中《なか》で待《ま》ちます。お母《かあ》さんの授乳《じゅにゅう》はほんの数分《すうふん》。巣穴《すあな》から出《で》ると、穴《あな》の入《い》り口《ぐち》をしっかりうめてしまいます。それというのも、天敵《てんてき》のハブがにおいを追《お》ってこられないようにする行動《こうどう》。赤《あか》ちゃんの体《からだ》も、お母《かあ》さんのおっぱいの成分《せいぶん》も、次《つぎ》の授乳《じゅにゅう》までの長《なが》い時間《じかん》をたえられるような力《ちから》が備《そな》わっています。

穴《あな》をうめるアマミノクロウサギのお母《かあ》さん。
20～30分《ぷん》はかかるという。

哺乳類《ほにゅうるい》や鳥類以外《ちょうるいいがい》でも、熱心《ねっしん》な子育《こそだ》てをするものがいます。ミズダコは、メスが1か月《げつ》ほども産卵場《さんらんば》の岩穴《いわあな》などで卵《たまご》を敵《てき》から守《まも》ったり、新鮮《しんせん》な水《みず》を送《おく》ったりするなど世話《せわ》をします。そしてふ化《か》を見届《みとど》けたら力《ちから》つきて死《し》んでしまうのです。

「産《う》みっぱなしタイプ」もいますが、ただボーっとしていて成長《せいちょう》できるほど自然界《しぜんかい》はあまくありません。マンボウなどは数億《すうおく》の卵《たまご》を産《う》む「数《かず》うちゃ当《あ》たる」方式《ほうしき》。そして、ある種《しゅ》のハチのように、花粉団子《かふんだんご》や麻酔《ますい》したイモムシを、生《う》まれてくる子《こ》どものために、あらかじめ用意《ようい》しておく「相続《そうぞく》」方式《ほうしき》のものもいます。

おとなになるまでには、さまざまな困難《こんなん》が立《た》ちふさがります。高《たか》い確率《かくりつ》で成長《せいちょう》できるものだけが、現在選《げんざいえら》ばれて生《い》き残《のこ》っているのです。それが進化《しんか》。生物《せいぶつ》の子育《こそだ》てや成《せい》長《ちょう》をのぞいてみましょう。

「数《かず》うちゃ当《あ》たる」方式《ほうしき》のマンボウ。

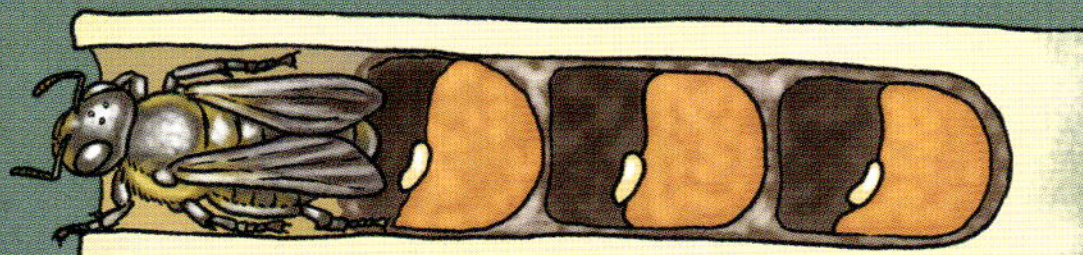

子《こ》どものために花粉団子《かふんだんご》を用意《ようい》するオオハキリバチは「相続《そうぞく》」方式《ほうしき》。

超大卵《ちょうだいらん》

森《もり》のビッグエッグ

オオマダラキーウィ

鳥類《ちょうるい》

羽毛《うもう》は枝分《えだわ》かれしないで哺乳類《ほにゅうるい》の毛《け》のよう。

もともと天敵《てんてき》はいなかったが、人間《にんげん》がもちこんだネコやネズミによって絶滅《ぜつめつ》の危機《きき》にある。

飛《と》べない鳥《とり》キーウィはヘンな鳥《とり》。ほかの飛《と》ばない鳥《とり》には、そこそこつばさがあるのに、2㎝ほどの小《ちい》ささ。鳥《とり》は目《め》がよいのに、キーウィの小《ちい》さい目《め》はあまり見《み》えていないようです。夜行性《やこうせい》なので、視力《しりょく》はあまり気《き》にしなくてもよいのかもしれません。

そのかわり鼻《はな》の穴《あな》がくちばしの先端《せんたん》についていて、嗅覚《きゅうかく》がとても発達《はったつ》しています。これも鳥《とり》にしては変《か》わった特徴《とくちょう》です。くちばしを地面《じめん》にさし、ミミズや昆虫《こんちゅう》、果実《かじつ》などをにおいで探《さが》します。また獲物《えもの》の出《だ》す震《しん》動《どう》を感《かん》じることができ、くちばしのまわりに長《なが》くのびたひげもセンサーになって、獲《え》物《もの》を探《さが》す助《たす》けとなると考《かんが》えられています。

とくにヘンなのは、大《おお》きすぎる卵《たまご》を産《う》むこと。オオマダラキーウィは母親《ははおや》の体重《たいじゅう》2

★分布《ぶんぷ》：ニュージーランド

卵《たまご》が大《おお》きすぎるので、オス・メスで抱卵《ほうらん》しても全体《ぜんたい》を温《あたた》められない。

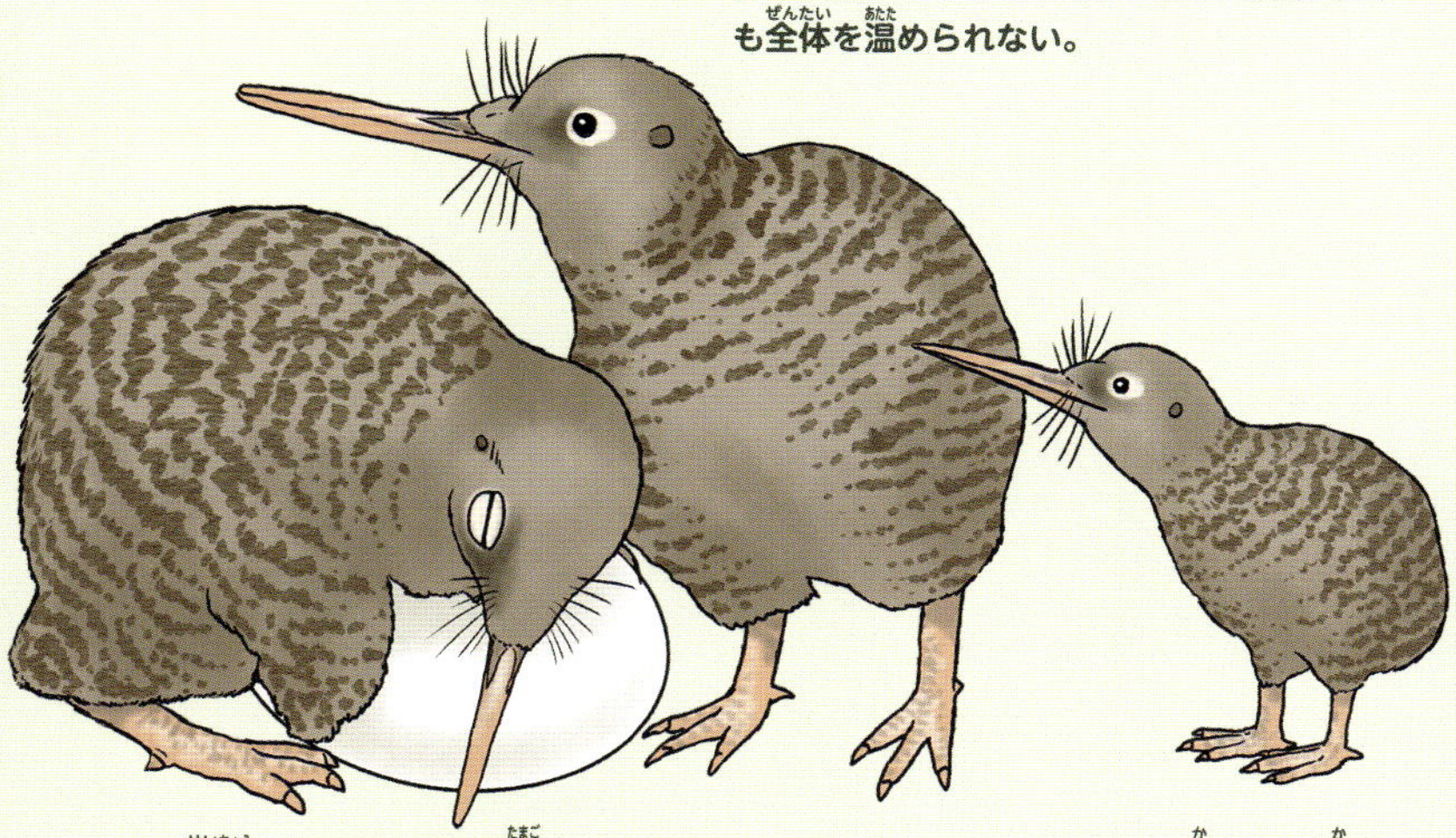

成鳥《せいちょう》

卵《たまご》

ひなは、ふ化《か》して５日《か》ほどで自分《じぶん》で食《た》べものを探《さが》す。

kgに対《たい》して卵《たまご》は４００g。なんと5分《ぶん》の1になります。ニワトリがおよそ33分《ぶん》の１なので、どれほど大《おお》きいかわかるでしょう。

当然《とうぜん》、お母《かあ》さんはたいへん。卵《たまご》が体《からだ》を圧《あっ》迫《ぱく》するので食《た》べることもできず、ためた脂《し》肪《ぼう》を消費《しょうひ》していかなくてはなりません。さらに産《う》んだあとも、体温《たいおん》がほかの鳥《とり》より低《ひく》いので、ふ化《か》まで80日《にち》近《ちか》くかかるのです。

こうした独自《どくじ》の進化《しんか》は、海《うみ》にへだてられた敵《てき》のいない場所《ばしょ》だからこそといえるかもしれません。しかし、敵《てき》がいないからだいじょうぶといっても、もっと楽《らく》な方向《ほうこう》に進《しん》化《か》できなかったのかとふしぎに思《おも》います。ちなみにくだもののキウイはキーウィに似《に》ているので、その名《な》がつきました。鳥《とり》のほうが元祖《がんそ》です。

★分類《ぶんるい》：キーウィ目《もく》キーウィ科《か》　★大《おお》きさ：50㎝

超蹴撃《ちょうしゅうげき》

鬼《おに》のキック親《おや》父《じ》

ヒクイドリ
鳥類《ちょうるい》

ヒクイドリが食《た》べない果実《かじつ》は4％しか発芽《はつが》しないが、食《た》べると発芽率《はつがりつ》は92％になるという。

ギネスブックに「世界一危険《せかいいちきけん》な鳥《とり》」としてのったこともあるヒクイドリ。がっしりとした太《ふと》いあしで、脚力《きゃくりょく》も強力《きょうりょく》です。さらに3本《ぼん》のあしゆびのうち、内側《うちがわ》の長《なが》いつめは強力《きょうりょく》な武器《ぶき》。おこったヒクイドリのけりで、犠牲《ぎせい》になった人《ひと》もいるほどです。

　ヒクイドリは、オスが巣《す》づくりから抱《ほう》卵《らん》、子育《こそだ》てまでをすべて引《ひ》き受《う》けます。ひなが親《おや》をはなれるまでの9か月《げつ》ほどを、天《てん》敵《てき》のオオトカゲを追《お》いはらうなど世話《せわ》するのです。そのあいだ、オスは食《た》べものがあまりとれずにやせてしまうとか。

　ふだんは熱帯雨林《ねったいうりん》の森《もり》の果実《かじつ》を食《た》べ、うんちとして出《だ》すことで種子《しゅし》をまき、森《もり》も育《そだ》てる大切《たいせつ》な役割《やくわり》をしています。でもじつは、消化力《しょうかりょく》が弱《よわ》いので、種子《しゅし》がそのまま出《で》てしまうだけなんですって。

★分類《ぶんるい》：ヒクイドリ目《もく》ヒクイドリ科《か》★大《おお》きさ：150㎝★分布《ぶんぷ》：オーストラリア、ニューギニア島《とう》

保《ほ》育《いく》所《じょ》は口《くち》の中《なか》

ダーウィンハナガエル

両生類《りょうせいるい》

口《くち》の中《なか》で育《そだ》てるのは20匹《ぴき》ほど。オタマジャクシは、卵《たまご》のゼラチン質《しつ》や鳴嚢《めいのう》の中《なか》の分泌物《ぶんぴつぶつ》を食《た》べていると考《かんが》えられている。

ダーウィンハナガエルは、南《みなみ》アメリカの最南端《さいなんたん》の林《はやし》に流《なが》れる川《かわ》にすんでいます。メスは産卵《さんらん》するとどこかに行《い》ってしまいますが、オスは卵《たまご》の中《なか》の子《こ》どもが動《うご》きだすのを20日間《かかん》も待《ま》ちます。子《こ》どもが動《うご》きだすと、口《くち》にくわえて、のどにある「鳴嚢《めいのう》」というふくろに入《い》れます。本来《ほんらい》は鳴《な》き声《ごえ》を出《だ》すためのものですが、ゆりかごとして使《つか》うのです。そして、卵《たまご》がふ化《か》して、オタマジャクシから子《こ》ガエルになるまで50日間《にちかん》も口《くち》の中《なか》で育《そだ》てます。

子《こ》ガエルは、出《で》てくるときは体長《たいちょう》1㎝ほどに成長《せいちょう》しています。大事《だいじ》に大《おお》きく育《そだ》てることで、子《こ》どもが生《い》き残《のこ》る確率《かくりつ》が高《たか》まりますが、オスは3㎝なので、そんな大《おお》きな子《こ》どもが何匹《なんびき》ものどに入《はい》っていると考《かんが》えると、うえっとなってしまいそうです。

★分類《ぶんるい》：無尾目《むびもく》ハナガエル科《か》　★大《おお》きさ：2.5～3㎝　★分布《ぶんぷ》：チリ、アルゼンチン

超呪術《ちょうじゅじゅつ》

美《うつく》しき死《し》神《がみ》

セナガアナバチ 昆虫《こんちゅう》

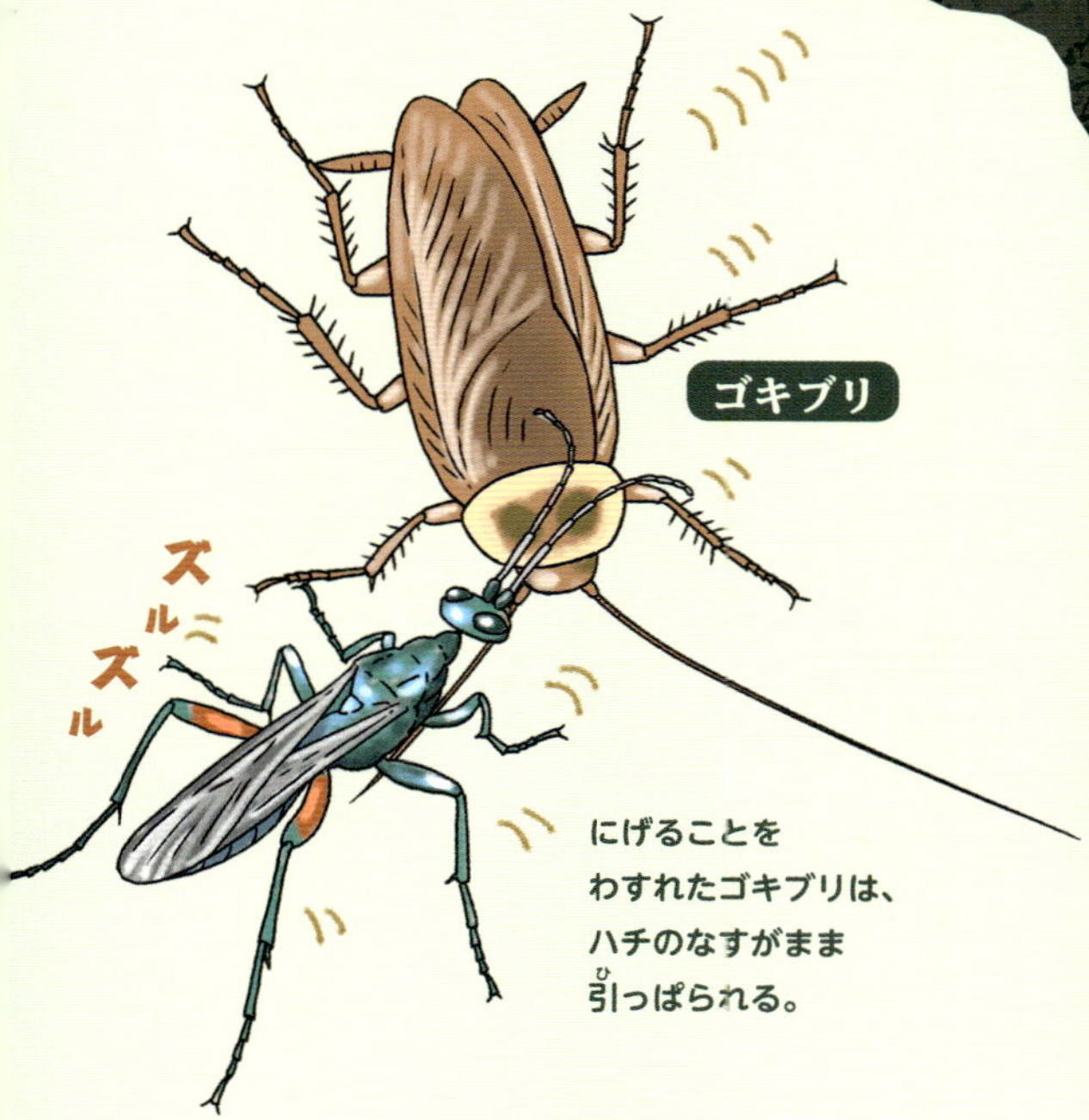

にげることをわすれたゴキブリは、ハチのなすがまま引《ひ》っぱられる。

セナガアナバチのなかまは英語《えいご》で「ジュエル・ワスプ（宝石《ほうせき》バチ）」ともよばれる、とても美《うつく》しいエメラルド色《いろ》のハチです。でも幼虫《ようちゅう》は、ゴキブリをえさにして育《そだ》ちます。

母《はは》バチは自分《じぶん》の体《からだ》より大《おお》きなゴキブリにおそいかかり、まず胸《むね》に毒針《どくばり》をさして体《からだ》をまひさせます。このままかかえて飛《と》ぶには、ゴキブリは重《おも》すぎ。では、どうするのか？ なんと頭《あたま》に針《はり》をさして、にげるという行動《こうどう》をとるための神経《しんけい》だけをピンポイントでねらい、毒《どく》を注入《ちゅうにゅう》するのです。

やがてゴキブリは、体《からだ》のますいが切《き》れて動《うご》けるようになりますが、にげることをしないゾンビ状態《じょうたい》に。ハチが触角《しょっかく》を引《ひ》っぱると、自分《じぶん》のあしで歩《ある》いてのそのそついていってしまうのです！

★分布《ぶんぷ》：日本《にほん》、朝鮮半島《ちょうせんはんとう》、台湾《たいわん》、中国《ちゅうごく》

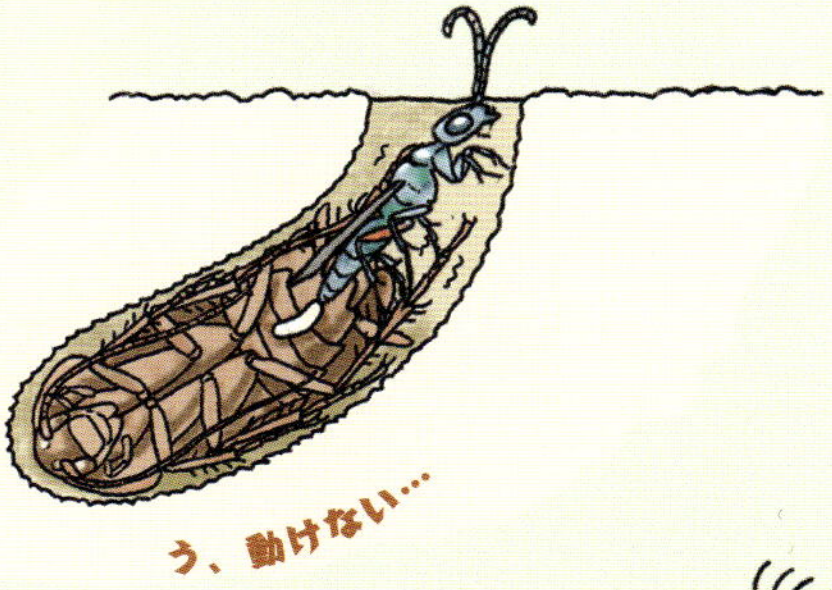

母《はは》バチは、ぼうっとして動《うご》きがにぶいゴキブリにたやすく卵《たまご》を産《う》みつける。

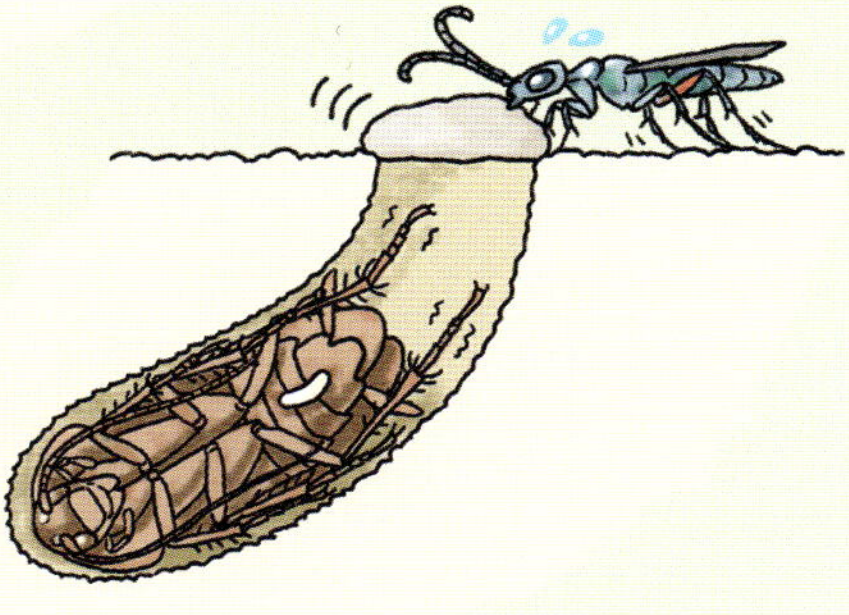

卵《たまご》を産《う》んだあとは巣穴《すあな》にふたをして、去《さ》っていく。

ハチとゴキブリの行《い》く先《さき》は、ハチの巣《す》。巣《す》は、木《き》にあいた穴《あな》や、建物《たてもの》のすき間《ま》などを利用《りよう》してつくります。母《はは》バチはゴキブリに卵《たまご》を産《う》みつけたあと、巣穴《すあな》にふたをしてしまいます。そのあいだ、ゴキブリはぼーっとして動《うご》こうとしません。

3日《か》後《ご》に卵《たまご》からかえったハチの幼虫《ようちゅう》はゴキブリの腹《はら》の中《なか》にもぐりこみ、成長《せいちょう》するまでの8日《か》間《かん》、死《し》なない程度《ていど》にゴキブリの体《からだ》を食《た》べ続《つづ》けます。ゴキブリは死《し》なないので、いつでも新鮮《しんせん》な食《た》べものが手《て》に入《はい》るというわけです。そしてゴキブリの中《なか》でさなぎになり、成虫《せいちゅう》になって外《そと》に出《で》てくるのです。まるで映画《えいが》のエイリアン!? 生《い》きながら食《た》べられるなんて、考《かんが》えるだけでもおそろしいしうちです。

★分類《ぶんるい》：膜翅目《まくしもく》セナガアナバチ科《か》　★大《おお》きさ：体長《たいちょう》17㎜

密《ひそ》かな侵《しん》略《りゃく》昆虫《こんちゅう》

スズメバチネジレバネ

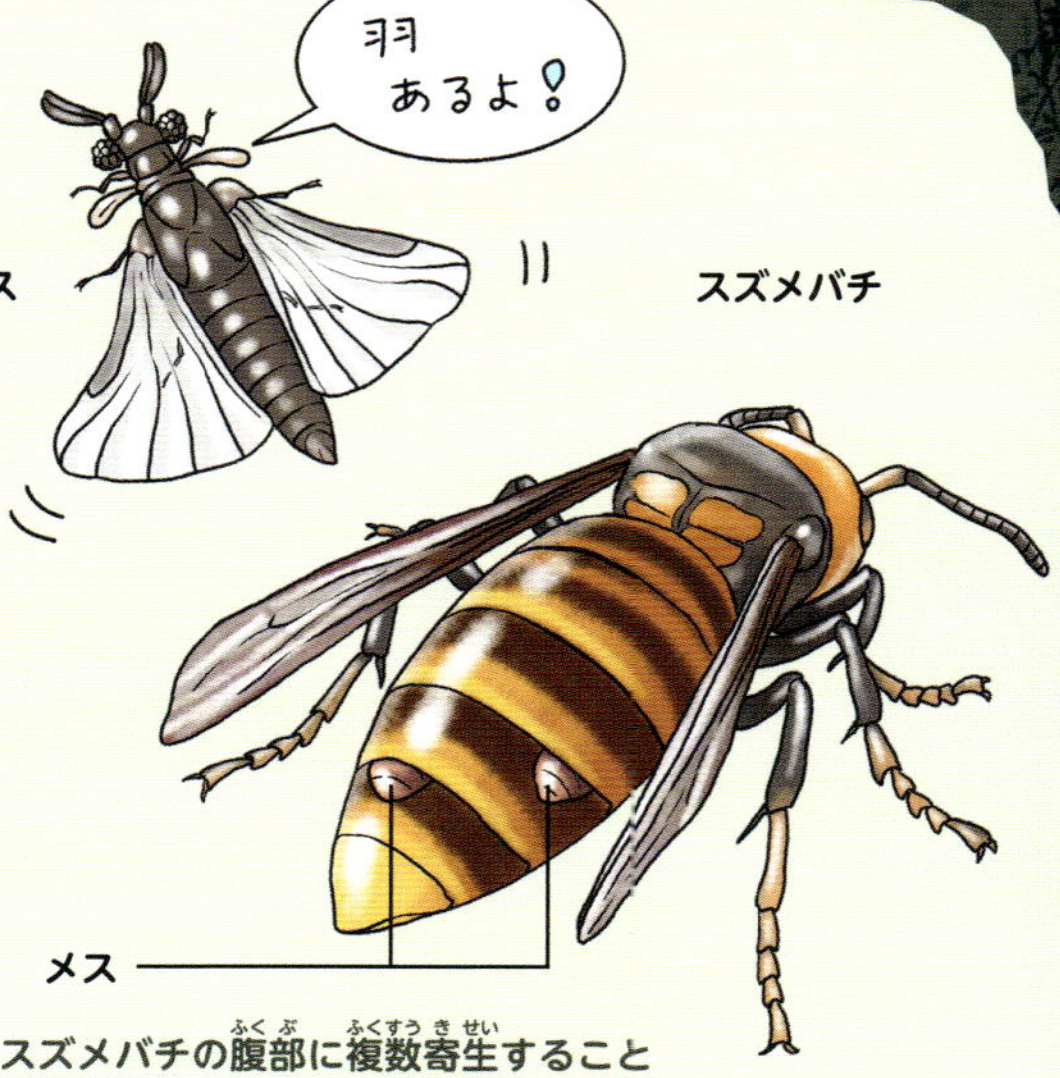

メスはスズメバチの腹部《ふくぶ》に複数《ふくすう》寄生《きせい》することもある。寄生《きせい》されたハチは本来《ほんらい》のはたらきができなくなり、かえって長生《ながい》きになる。

スズメバチネジレバネは、スズメバチの腹部《ふくぶ》に体《からだ》をうめこんで栄養《えいよう》を吸《す》って暮《く》らし、顔《かお》だけ出《だ》しています。メスは完全《かんぜん》な寄生《きせい》なので、触角《しょっかく》、目《め》、口《くち》、あし、そして生殖器《せいしょくき》もないのです。オスがメスの首《くび》に生殖器《せいしょくき》をさし、精子《せいし》が体内《たいない》を通《とお》ってメスの卵巣《らんそう》で受《じゅ》精《せい》します。1000個《こ》をこす卵《たまご》が体内《たいない》にでき、生《う》まれた幼虫《ようちゅう》は、母親《ははおや》を食《た》べて中《なか》から出《で》てきます。すさまじいですね。

幼虫《ようちゅう》にはあしがあり、母親《ははおや》の体《からだ》から出《で》ると別《べつ》のハチに寄生《きせい》します。メスはそのまま寄生《きせい》し続《つづ》け、オスは羽化《うか》すると飛《と》びたって樹液《じゅえき》などでスズメバチを待《ま》ちぶせします。そこにやってきた働《はたら》きバチにしがみつき、巣《す》に運《はこ》ばれてメスと出会《であ》うのです。しかし、オスの成虫《せいちゅう》の寿命《じゅみょう》はおどろくほど短《みじか》く4時《じ》間《かん》ほど。いそがしすぎる人生《じんせい》です。

★分類《ぶんるい》：ネジレバネ目《もく》ハチネジレバネ科《か》　★大《おお》きさ：♂3㎜　♀6㎜　★分布《ぶんぷ》：日本《にほん》など

超粘液《ちょうねんえき》

果実《かじつ》の罠《わな》 ヤドリギ

植物《しょくぶつ》

レンジャクのなかまは、ほかの植物《しょくぶつ》の果実《かじつ》も食《た》べる。

木《き》の葉《は》が落《お》ちた冬《ふゆ》、こずえの一部《いちぶ》だけに青《あお》あおと葉《は》がしげっていたら、それはヤドリギという寄生植物《きせいしょくぶつ》かもしれません。「寄《き》生根《せいこん》」という根《ね》をほかの木《き》にのばして、樹《じゅ》皮《ひ》の下《した》から水《みず》や養分《ようぶん》を吸《す》いとる植物《しょくぶつ》です。

でも、だれが木《き》の上《うえ》に種《たね》をまくのでしょう？　その答《こた》えは鳥《とり》。レンジャクという鳥《とり》のなかまは、ヤドリギの黄色《きいろ》やオレンジ色《いろ》の丸《まる》くてあまい果実《かじつ》が大好物《だいこうぶつ》。大《おお》よろこびで食《た》べますが、ヤドリギの種子《しゅし》はねばねばした液《えき》に包《つつ》まれていて、おしりから消化《しょうか》されない種子《しゅし》が出《で》たときに、ねばーっとぶら下《さ》がります。うまくいけば木《き》の枝《えだ》にひっついて、そこから芽《め》を出《だ》すのです。

食《た》べものと生育《せいいく》はんいの拡大《かくだい》、うまい共《きょう》生《せい》ですが、おしりから種子《しゅし》をぶら下《さ》げている姿《すがた》は、ちょっとはずかしいですね。

★分類《ぶんるい》：ビャクダン目《もく》ヤドリギ科《か》　★大《おお》きさ：最大《さいだい》1ｍほど　★分布《ぶんぷ》：日本《にほん》、東《ひがし》アジアなど

超発火《ちょうはっか》

燃《も》えて生《う》まれる

ユーカリ 植物《しょくぶつ》

イギリスではユーカリ油《あぶら》が医薬品《いやくひん》として使《つか》われている。暑《あつ》い日《ひ》は揮発量《きはつりょう》が多《おお》い。

ユーカリの種《たね》を植《う》えるときは、フライパンでいってからといいます。というのも、ユーカリは火《ひ》で果実《かじつ》が燃《も》えると、種子《しゅし》が発《はっ》芽《が》しやすい性質《せいしつ》をもつから。山火事《やまかじ》のあとは、競争相手《きょうそうあいて》の植物《しょくぶつ》がまわりになくなりますし、灰《はい》が土《つち》をユーカリの生育《せいいく》に向《む》いたアルカリ性《せい》にします。高温《こうおん》で乾燥《かんそう》したオーストラリアは山火事《やまかじ》が多《おお》く、そうした環境《かんきょう》に適応《てきおう》した進化《しんか》はおどろくべきものです。

しかも、ユーカリにはテルペンという揮《き》発性《はっせい》の油《あぶら》がたくさんふくまれていて、少《すこ》しでも火《ひ》がついたら一気《いっき》に燃《も》え広《ひろ》がります。ユーカリが火《ひ》をつけるわけではありませんが、火事《かじ》を大《おお》きくしていると考《かんが》えると、ちょっとたちが悪《わる》いですね。なによりユーカリはコアラが食《た》べる木《き》として有名《ゆうめい》です。火事《かじ》でコアラが心配《しんぱい》ですね。

★分類《ぶんるい》：フトモモ目《もく》フトモモ科《か》　★大《おお》きさ：最大《さいだい》70m　★分布《ぶんぷ》：オーストラリア

超分裂《ちょうぶんれつ》

赤《あか》い分《ぶん》身《しん》

ヒガンバナ

植物《しょくぶつ》

秋《あき》に花《はな》をさかせたあとは、
一度《いちど》しおれ、冬《ふゆ》から春《はる》に

秋《あき》に田《た》んぼのあぜや土手《どて》で、赤《あか》い花《はな》をさかせるヒガンバナ。東北以南《とうほくいなん》でときに大《おお》きな群落《ぐんらく》が見《み》られますが、なんと種子《しゅし》ができないのです。種子《しゅし》ではなく、球根《きゅうこん》が分《わ》かれることで増《ふ》えています。

しかし、球根《きゅうこん》が運《はこ》ばれるわけではないのに、これほど日本《にほん》に広《ひろ》がっているのはふしぎです。いろいろな説《せつ》がありますが、球根《きゅうこん》に毒《どく》をもっているうえに、ひどいにおいもするので、ネズミやモグラよけに広《ひろ》められたともいわれています。増《ふ》えた球根《きゅうこん》がはずれて転《ころ》がったり、増水《ぞうすい》で流《なが》されたりして別《べつ》の場所《ばしょ》に広《ひろ》まったのかもしれません。

デンプンを非常食《ひじょうしょく》にすることもでき、薬《くすり》にもなる、スーパー植物《しょくぶつ》ですが、死人花《しにんばな》とか幽霊花《ゆうれいばな》といった別名《べつめい》でよばれ、きらわれることもあるのは、かわいそうです。

★分類《ぶんるい》：キジカクシ目《もく》ヒガンバナ科《か》 ★大《おお》きさ：30～50㎝ ★分布《ぶんぷ》：日本《にほん》、中国《ちゅうごく》、朝鮮半島《ちょうせんはんとう》など

7 超散布《ちょうさんぷ》

風《かぜ》に吹《ふ》かれて タンブルウィード

植物《しょくぶつ》

ときには自動車《じどうしゃ》が囲《かこ》まれて立《た》ち往生《おうじょう》したり、家《いえ》をうめつくすぐらいに集《あつ》まったりすることもあり、迷惑《めいわく》な存在《そんざい》でもある。

映画《えいが》の西部劇《せいぶげき》に、必《かなら》ずといっていいほど現《あらわ》れるのが、風《かぜ》にふかれてころころ転《ころ》がる草《くさ》。あれはタンブルウィード（回転草《かいてんぐさ》）とよばれる植物《しょくぶつ》です。かれ草《くさ》が風《かぜ》にふかれて丸《まる》まったと思《おも》われがちですが、あの転《ころ》がりこそが、たくみな分布拡大戦略《ぶんぷかくだいせんりゃく》なのです。

もともとは、ふつうに地面《じめん》に生《は》えて育《そだ》つ植物《しょくぶつ》です。しかし大量《たいりょう》の果実《かじつ》が熟《じゅく》し、茎《くき》が乾燥《かんそう》すると、風《かぜ》で根元《ねもと》から折《お》れて、転《ころ》がりだします。そして風《かぜ》に乗《の》って数《すう》kmも移動《いどう》しながら数万個《すうまんこ》から30万個《まんこ》もの種子《しゅし》をばらまくのです。そのあとは、乾燥地《かんそうち》でも湿地《しっち》でも、土《つち》の酸性《さんせい》・アルカリ性《せい》も気《き》にせずに定《てい》着《ちゃく》し、少《すこ》しでも水分《すいぶん》があれば一気《いっき》に生長《せいちょう》をはじめ、すくすくと育《そだ》ちます。アメリカのシンボルみたいな植物《しょくぶつ》ですが、じつはロシアからの外来種《がいらいしゅ》。意外《いがい》です。

★分類《ぶんるい》：ナデシコ目《もく》ヒユ科《か》　★大《おお》きさ：ー　★分布《ぶんぷ》：アメリカ、ユーラシア

強運の風来坊

オオツチハンミョウ 昆虫《こんちゅう》

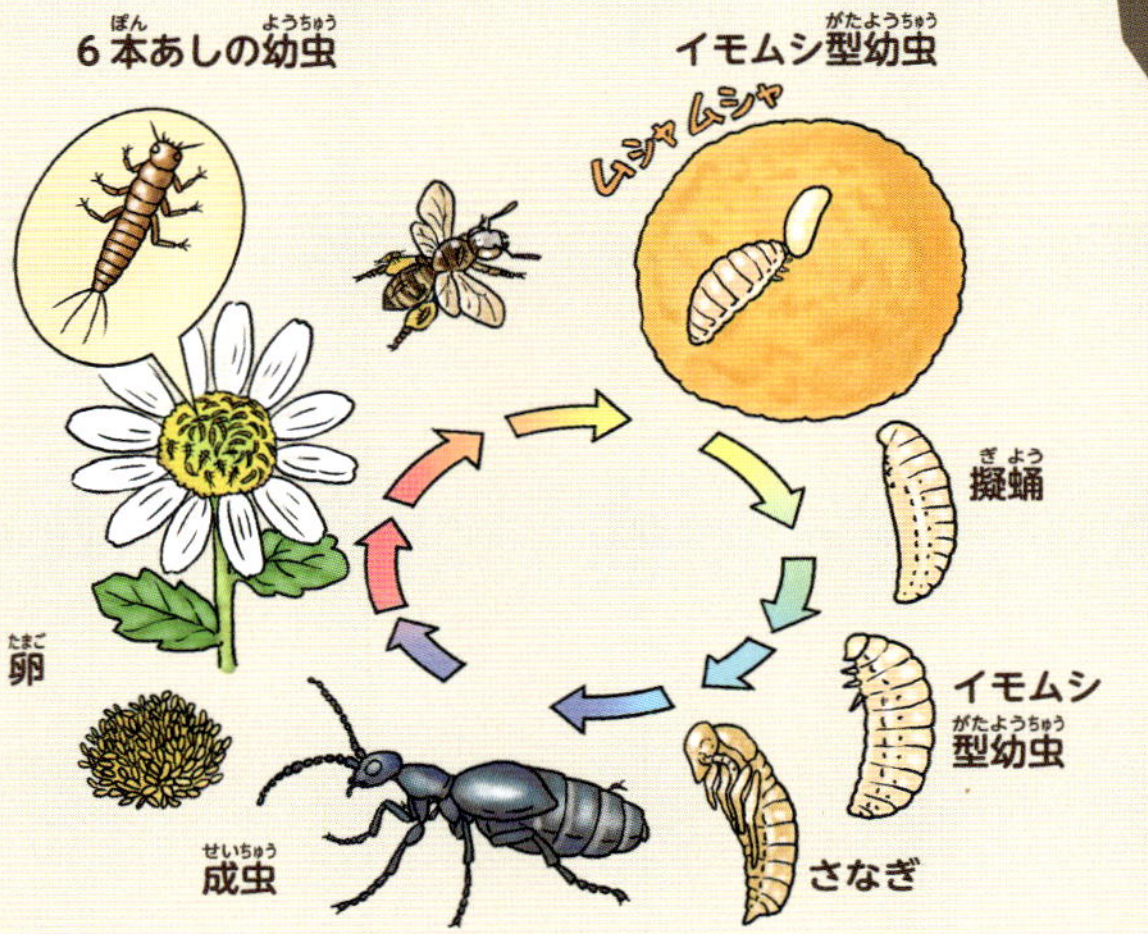

ハナバチの巣《す》に入《はい》るとイモムシ型《がた》の幼虫《ようちゅう》になり、さらに「擬蛹《ぎよう》」とよばれるさなぎのような姿《すがた》になるなど成長段階《せいちょうだんかい》で姿《すがた》を変《か》える「過変態《かへんたい》」の昆虫《こんちゅう》だ。

ツチハンミョウは、ハナバチに寄生《きせい》する昆虫《こんちゅう》。土《つち》の中《なか》に産《う》みつけられた卵《たまご》がふ化《か》すると、長《なが》い6本《ぽん》のあしですぐにアザミなどの花《はな》に上《のぼ》ります。ハナバチがやってくるとあしにしがみついて巣《す》までついていき、ハナバチが産卵《さんらん》すると卵《たまご》に飛《と》び移《うつ》ります。そして卵《たまご》や、幼虫《ようちゅう》のために集《あつ》めた花粉《かふん》、蜜《みつ》などを食《た》べて大《おお》きくなり、成虫《せいちゅう》になります。

幼虫《ようちゅう》が上《のぼ》った先《さき》に花《はな》がないこともありますし、花《はな》にハチがやってくるとはかぎりません。別《べつ》の昆虫《こんちゅう》では寄生《きせい》できません。オスのハナバチに飛《と》びついたときには、交尾《こうび》のときにメスに乗《の》り移《うつ》るなど、努力《どりょく》と運《うん》を必《ひつ》要《よう》とする子《こ》ども時代《じだい》。おとなになれないもののほうが多《おお》いでしょう。でもツチハンミョウは4000個《こ》もの卵《たまご》を産《う》み、数《かず》うちゃ当《あ》たるの生《い》き方《かた》をつらぬいています。

★分類《ぶんるい》：コウチュウ目《もく》ツチハンミョウ科《か》 ★大《おお》きさ：12～30㎜ ★分布《ぶんぷ》：北海道《ほっかいどう》、本州《ほんしゅう》、四国《しこく》

超居候《ちょういそうろう》

不《ふ》思《し》議《ぎ》の国《くに》の侵《しん》略《りゃく》者《しゃ》

アリスアブ
昆虫《こんちゅう》

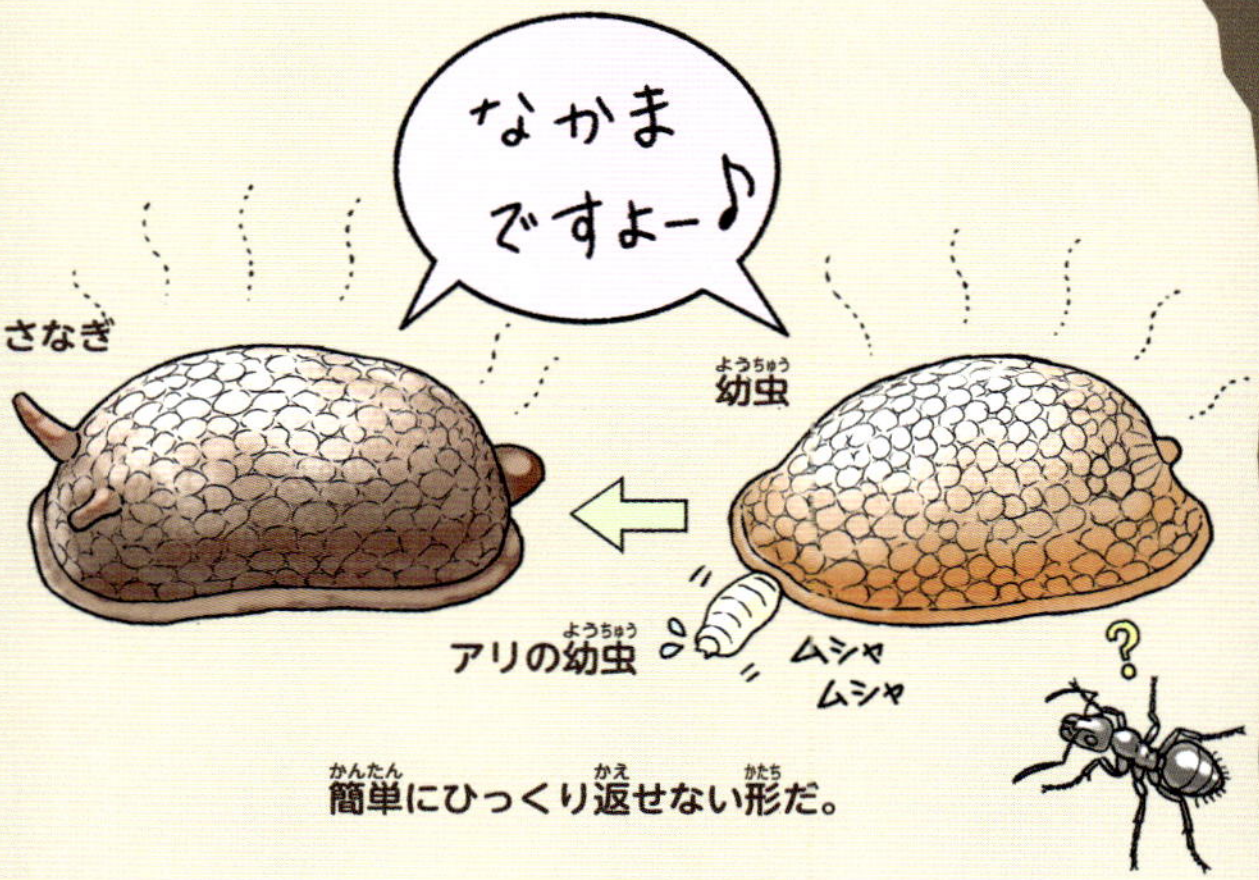

簡単《かんたん》にひっくり返《かえ》せない形《かたち》だ。

『不《ふ》思《し》議《ぎ》の国《くに》のアリス』みたいな名前《なまえ》のアブでなんとなくかわいらしいですね。アリスは物語《ものがたり》の中《なか》でウサギを追《お》いかけて、穴《あな》の中《なか》に落《お》ちてしまいますが、このアブの幼虫《ようちゅう》も穴《あな》の中《なか》にすんでいます。穴《あな》の中《なか》といってもアリの巣《す》。「アリ巣《す》アブ」なのです。見《み》た目《め》はかわいいというより、ボウルをふせたようなちょっと変《へん》な形《かたち》で、さなぎも同《おな》じような変《へん》な形《かたち》をしています。

なぜここに幼虫《ようちゅう》がいるかというと、アリは強《つよ》い昆虫《こんちゅう》で、アリをおそおうとするものは少《すく》なく、とくに地中《ちちゅう》の穴《あな》は防衛係《ぼうえいがかり》の働《はたら》きアリに守《まも》られるので安全《あんぜん》です。しかもアリの幼虫《ようちゅう》を食《た》べていることがわかっていて、アリからしたらたまったものではないでしょう。

外部《がいぶ》の侵入者《しんにゅうしゃ》に対《たい》しては、巣《す》を守《まも》るため

★分布《ぶんぷ》：本州《ほんしゅう》、四国《しこく》、九州《きゅうしゅう》

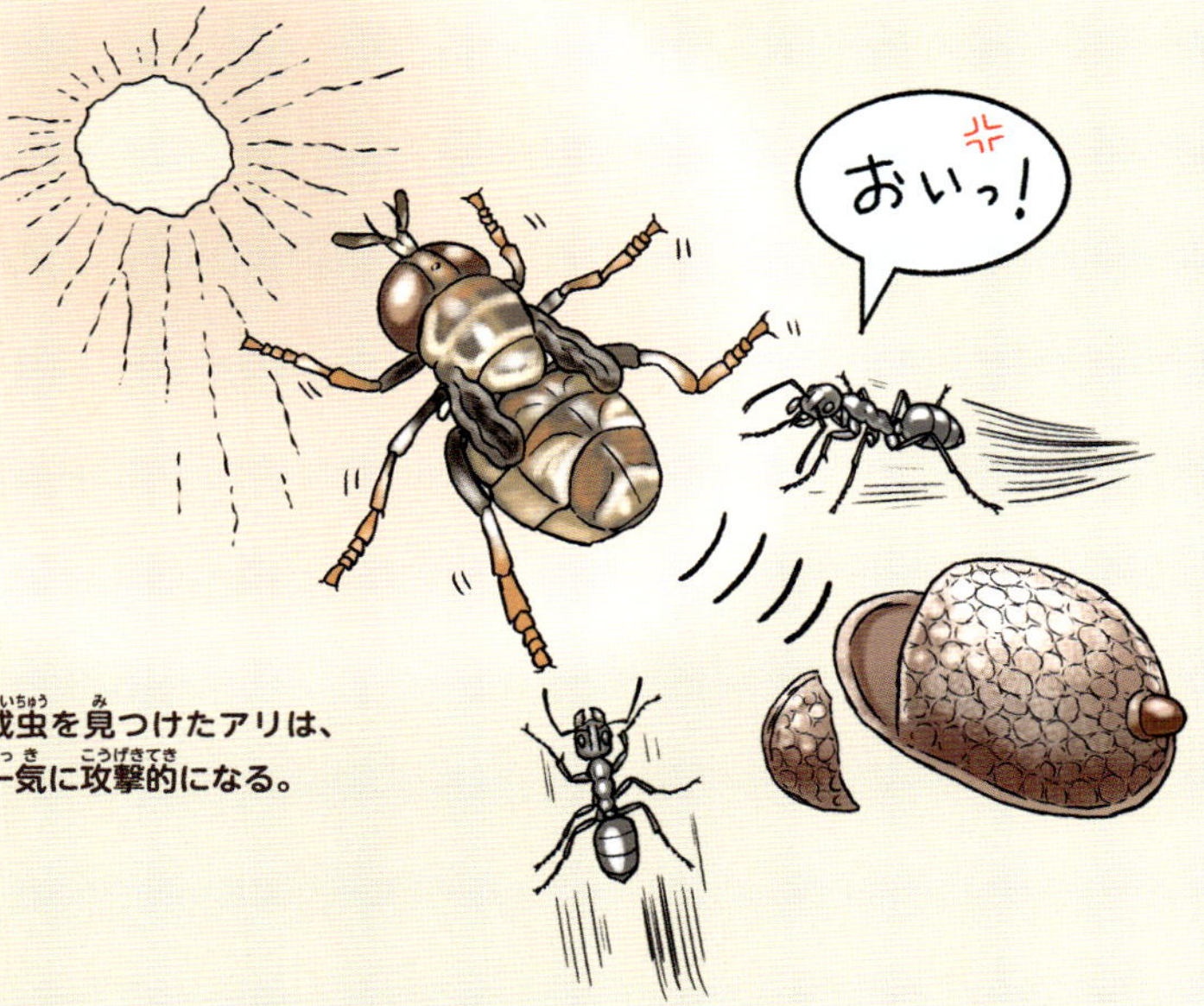

成虫《せいちゅう》を見《み》つけたアリは、一気《いっき》に攻撃的《こうげきてき》になる。

に攻撃的《こうげきてき》になるアリが、なぜこんな迷惑《めいわく》ないそうろうを置《お》いているかというと、幼虫《ようちゅう》のあいだは「アリのなかまですよ～」という物質《ぶっしつ》を出《だ》しているからと考《かんが》えられています。こうしたアリの巣《す》に寄生《きせい》する昆虫《こんちゅう》は「好《こう》蟻性昆虫《ぎせいこんちゅう》」といいます。

しかし、ちゃっかり者《もの》にもけんめいにならざるをえない場面《ばめん》がやってきます。アリの巣《す》の中《なか》でさなぎから羽化《うか》すると、成虫《せいちゅう》はアリの巣穴《すあな》から出《で》ていかないとなりません。しかし、成虫《せいちゅう》はアリをだます物質《ぶっしつ》を出《だ》せないので、穴《あな》の中《なか》で羽化《うか》したら、ダッシュで巣《す》から脱出《だっしゅつ》しないと、たちまちアリにおそわれてしまうのです。アリからしたら、家《いえ》の中《なか》にとつぜん知《し》らないおっさんが現《あらわ》れたみたいなもので、びっくりでしょう。

★分類《ぶんるい》：双翅目《そうしもく》ハナアブ科《か》　★大《おお》きさ：体長《たいちょう》12～14㎜

超洗脳《ちょうせんのう》

水《みず》辺《べ》の死《し》刑《けい》台《だい》

ハリガネムシ

無脊椎動物《むせきついどうぶつ》

水中《すいちゅう》で死《し》んだ昆虫《こんちゅう》は、魚《さかな》の食《た》べものとなり、その生活《せいかつ》を支《ささ》えているとの研究《けんきゅう》もある。

池《いけ》や沼《ぬま》の底《そこ》のほうで、細長《ほそなが》い体《からだ》をくねらせているハリガネムシ。ときどきカマキリのおしりから出《で》てきているのを見《み》かけることもあります。でも水《みず》のいきものが、どうやって陸《りく》の昆虫《こんちゅう》に寄生《きせい》できるのでしょう？

まず卵《たまご》からふ化《か》した幼生《ようせい》は、カゲロウやトンボの幼虫《ようちゅう》（ヤゴ）などの水生昆虫《すいせいこんちゅう》に飲《の》みこまれ、おなかに入《はい》ります。やがて羽化《うか》した水生昆虫《すいせいこんちゅう》が、陸上《りくじょう》でカマキリなどの肉《にく》食《しょく》の昆虫《こんちゅう》に食《た》べられることで寄生《きせい》します。昆虫《こんちゅう》の中《なか》で成長《せいちょう》すると、昆虫《こんちゅう》の脳《のう》に、ある物質《ぶっしつ》を送《おく》りこんで、水辺《みずべ》にまで向《む》かわせます。そして水中《すいちゅう》に飛《と》びこませて、死体《したい》から出《で》てくるのです。

昆虫《こんちゅう》にとってはおそるべきインベーダーですが、食《た》べてもらわないと移動《いどう》できないのが悲《かな》しいところです。

★分類《ぶんるい》：ハリガネムシ綱《こう》　★大《おお》きさ：10～30㎝　★分布《ぶんぷ》：世界《せかい》に広《ひろ》く分布《ぶんぷ》

4日《か》間の赤《あか》ちゃん

ズキンアザラシ

哺乳類《ほにゅうるい》

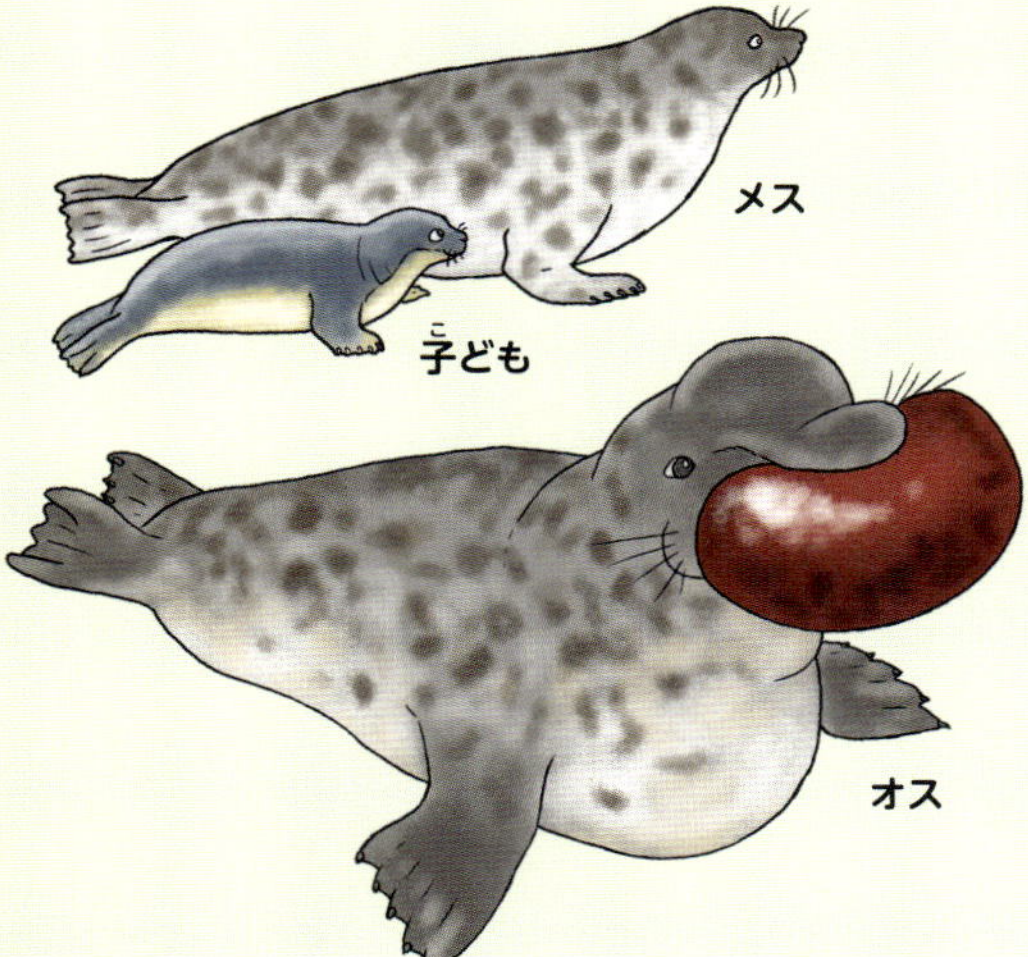

オスは黒《くろ》と赤《あか》の風船《ふうせん》を出《だ》す。黒《くろ》い風船《ふうせん》で決着《けっちゃく》がつかなかったら、赤《あか》い風船《ふうせん》を出《だ》す。黒《くろ》い風船《ふうせん》は鼻《はな》の皮《ひ》ふ、赤《あか》い風船《ふうせん》は左右《さゆう》の鼻《はな》の間《あいだ》の部分《ぶぶん》だ。

ズキンアザラシは大型《おおがた》のアザラシです。オスは鼻《はな》を風船《ふうせん》のようにふくらませられます。それが頭《あたま》にかぶる「頭巾《ずきん》」のようだとこの名《な》がつきました。この風船《ふうせん》で、オスどうし大《おお》きさを比《くら》べ合《あ》って優劣《ゆうれつ》を決《き》めたり、メスにアピールしたりします。

また、赤《あか》ちゃんにおっぱいをあげる期間《きかん》が最《もっと》も短《みじか》い動物《どうぶつ》です。人間《にんげん》はほぼ1年《ねん》。アフリカゾウなら2～3年《ねん》ですが、ズキンアザラシは4日間《かかん》です。このあいだに最初《さいしょ》は20kgほどだった赤《あか》ちゃんが30～40kgに急成《きゅうせい》長《ちょう》。おかげで天敵《てんてき》のシャチやホッキョクグマにねらわれにくくなります。当然《とうぜん》、お母《かあ》さんの体重《たいじゅう》は激減《げきげん》、一気《いっき》にげっそりとしてしまいます。アザラシのおっぱいの成分《せいぶん》の多《おお》くは脂肪《しぼう》なので、人間《にんげん》だったらダイエット成功《せいこう》と喜《よろこ》ぶかもしれませんね。

★分類《ぶんるい》：食肉目《しょくにくもく》アザラシ科《か》　★大《おお》きさ：2.1～2.4m　★分布《ぶんぷ》：北極海《ほっきょくかい》、北大西洋《きたたいせいよう》

自分《じぶん》の遺伝子《いでんし》を残《のこ》すため、異性《いせい》に好《す》かれたい！　オスたちの競《きそ》い合《あ》い！

ムリしてない？ モテじまんスタイル

きばでモテたい！

角《つの》でモテたい！

バビルーサ

バビルーサはきばが立派《りっぱ》なほうがモテる！　でも上《うわ》あごのきば、上《うわ》あごの皮《ひ》ふをつき破《やぶ》って生《は》えているんだって。痛《いた》そう！

ヘラジカ

オスは立派《りっぱ》な角《つの》をもちます。最大《さいだい》で、はば 205cm ！　角《つの》はじょうぶで中身《なかみ》がつまった骨《ほね》なので、20kg 近《ちか》くになることも。重《おも》そう！

じょうぶな胃腸《いちょう》でモテたい！

もうはなれない！

ノガン

ノガンのオスは、内臓《ないぞう》がじょうぶで強《つよ》いとアピールするために、メスの前《まえ》で毒《どく》のあるツチハンミョウを食《た》べてみせるよ。ムリすんな！

ビワアンコウ

オスはメスの体《からだ》にかみついて、しまいには一体化《いったいか》してしまう。そして生殖《せいしょく》だけ行《おこな》う。モテたい……といっていいのかどうか？

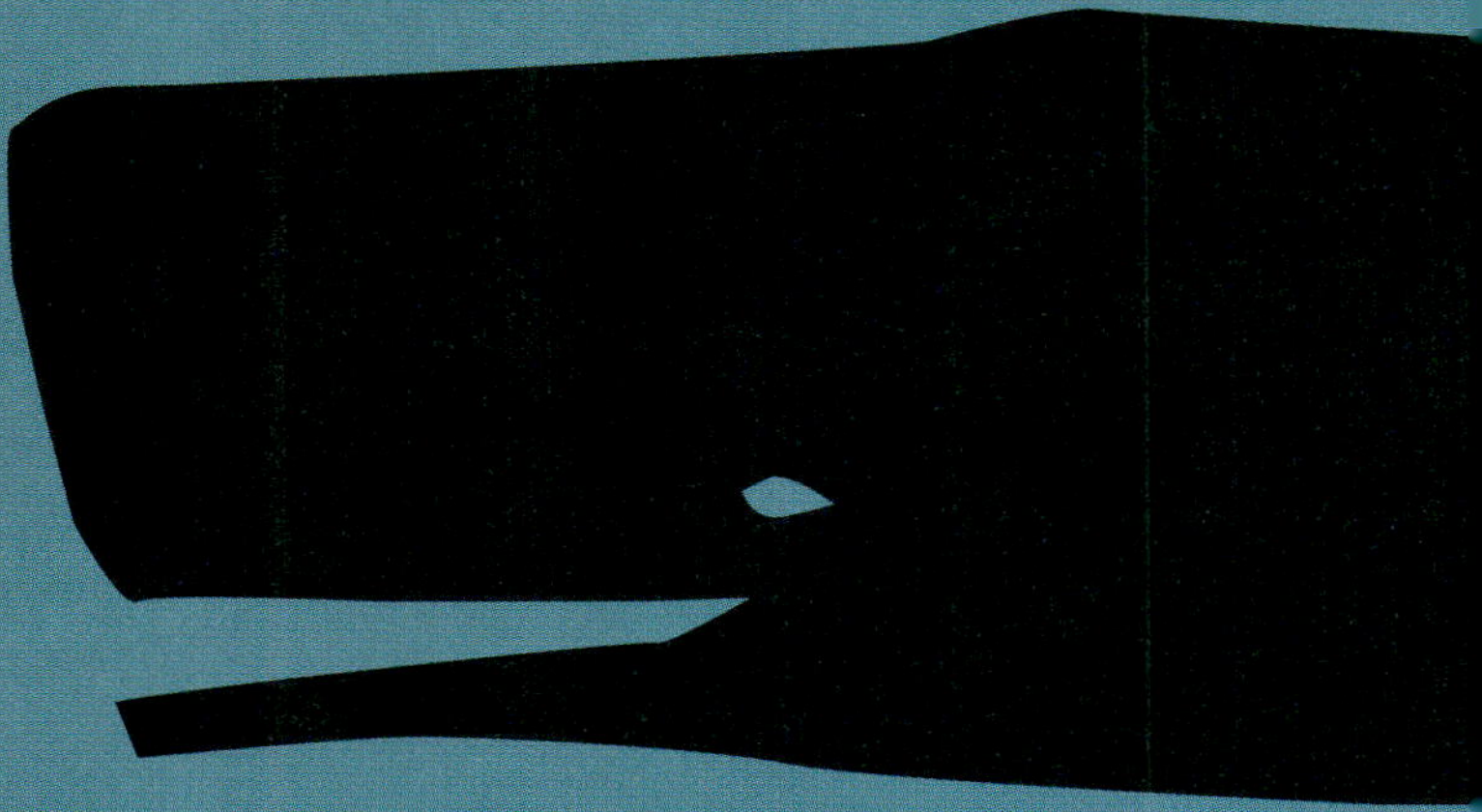

第《だい》6章《しょう》 すごい生《い》き方《かた》

生《い》きてること自体《じたい》が超能力《ちょうのうりょく》だ！

わたしたち人間《にんげん》からすると「えっ？」とおどろくような、意外《いがい》な生《い》きざまを見《み》せるいきものがいます。

渡《わた》り鳥《どり》で最《もっと》も長《なが》い距離《きょり》を移動《いどう》するキョクアジサシは、春《はる》から夏《なつ》は北極圏《ほっきょくけん》、冬《ふゆ》（南半球《みなみはんきゅう》の夏《なつ》）は南極圏《なんきょくけん》で暮《く》らします。まっすぐに飛《と》んで移動《いどう》するわけではないので、1年間《ねんかん》の移動距離《いどうきょり》は、地球《ちきゅう》2周分《しゅうぶん》にあたる8万《まん》km！　体長《たいちょう》30cmちょっとの鳥《とり》が、そんな長距離《ちょうきょり》を毎年《まいとし》移動《いどう》しているのです。たしかにすごいのですが、渡《わた》りの理由《りゆう》ははっきりわかっていません。「とちゅうにあるじゃん！　暖《あたた》かくて過《す》ごしやすそうなところ！」と教《おし》えたくもなります。でも彼《かれ》らにとっては、あたりまえの行事《ぎょうじ》。

「よくわかんないけど、おじいちゃんが決《き》めたんだって」くらいのノリで、毎年《まいとし》このビッグイベントをこなしています。

なにかを失《うしな》っているかのように見《み》える、いきものもいます。ナマケモノは、1日《にち》の食事量《しょくじりょう》8gという超小食《ちょうしょうしょく》、1日《にち》20時間《じかん》超熟睡《ちょうじゅくすい》で、筋肉《きんにく》がほとんどなく、動《うご》くときは超《ちょう》スローモーション、うんちは週《しゅう》1回《かい》、代謝《たいしゃ》が低《ひく》く、気温《きおん》で体温《たいおん》が変《か》わってしまう。そんな生活《せいかつ》だから体《からだ》にコケが生《は》え、楽《らく》なんでそのコケをとって食《た》べる……。ただ静《しず》かにおだやかに生《い》きている動物《どうぶつ》です。けっして天敵《てんてき》がいないわけではなく、オウギワシにはけっこう食《た》べられているそう。よく生《い》きてるな！　と、思《おも》いますが、長《なが》い生命進化《せいめいしんか》の歴史《れきし》において、絶滅《ぜつめつ》せずに現在《げんざい》も生《い》き残《のこ》っているのは、まちがいなく勝者《しょうしゃ》。これはもう超能力《ちょうのうりょく》といえるでしょう。

人間《にんげん》から見《み》ると、わけのわからないことでも、生物《せいぶつ》の生《い》き方《かた》には、進化《しんか》の過程《かてい》で選《えら》ばれた、生《い》きるための能力《のうりょく》がかくされているのです！

蜜《みつ》への招《しょう》待《たい》

ノドグロミツオシエ 鳥類《ちょうるい》

ノドグロミツオシエはミツバチの蜜《みつ》やろうが大好《だいす》きな鳥《とり》で、巣《す》の中《なか》の幼虫《ようちゅう》や卵《たまご》、さなぎなども食《た》べます。でもミツバチの巣《す》はかたい木《き》のうろの奥《おく》や地面《じめん》の下《した》にあるので、ノドグロミツオシエの短《みじか》いくちばしでは、巣《す》までたどりつくことができません。そこで、巣《す》をこわしてくれる相棒《あいぼう》を探《さが》して、その食《た》べ残《のこ》しをいただくのです。

同《おな》じく蜂蜜《はちみつ》を食《た》べたくて、ハチをおそれない強力《きょうりょく》な動物《どうぶつ》、たとえばラーテル（➡46）がその協力者《きょうりょくしゃ》。分厚《ぶあつ》い皮《ひ》ふや大《おお》きなつめをもつ、こわいもの知《し》らずの大型《おおがた》のイタチのなかまで、英語《えいご》で「ハニーバジャー（蜜《みつ》アナグマ）」というぐらい蜂蜜《はちみつ》が大好《だいす》きです。

ノドグロミツオシエはラーテルのまわりを飛《と》びかい、けたたましく鳴《な》いて「ハチの

ラーテルがハチに攻撃《こうげき》されながら巣《す》をおそっているあいだ、そばで待《ま》っている。

おこぼれにありつく。

巣《す》はあっちですよ！」とさそいます。ラーテルもわかったもので、ついていってハチの攻撃《こうげき》をものともせずに巣《す》をこわします。そのおこぼれをノドグロミツオシエがもらうというわけです。ハチからしたら、たまったものではありませんね。

ほかにも、ヒヒや人間《にんげん》などに協力《きょうりょく》を求《もと》めることもあります。ケニアには、蜂蜜《はちみつ》がほしいときにミツオシエをよぶ声《こえ》を発《はっ》する人《ひと》がいるとか。

ノドグロミツオシエは食《た》べものを手《て》に入《い》れるのもだれかの手《て》をかりますが、子育《こそだ》てもそう。ほかの鳥《とり》の巣《す》に卵《たまご》を産《う》みつけて、自分《じぶん》ではひなを育《そだ》てない「托卵《たくらん》」をするのです。よくもまあ、こんなに人《ひと》まかせの能《のう》力《りょく》ばかり発達《はったつ》したものです。

★分類《ぶんるい》：キツツキ目《もく》ミツオシエ科《か》　★大《おお》きさ：20㎝　★分布《ぶんぷ》：中央《ちゅうおう》〜南《みなみ》アフリカ

超飛行《ちょうひこう》

半《はん》永《えい》久《きゅう》飛《ひ》行《こう》機《き》関《かん》

アマツバメ

鳥類《ちょうるい》

あしゆびは、4本《ほん》とも前《まえ》を向《む》いてついている。
岩壁《がんぺき》にとまるときは、つめでぶら下《さ》がり、尾羽《おばね》で支《ささ》える。

ツバメとつきますが、町中《まちなか》に巣《す》をつくるツバメとは遠《とお》いなかま。おたがい速《はや》く飛《と》ぶ生活《せいかつ》なので、姿《すがた》が似《に》たのでしょう。こういうことを「収斂《しゅうれん》」といいます。

アマツバメはツバメよりも空中生活専《くうちゅうせいかつせん》門《もん》。空中《くうちゅう》でねむり、空中《くうちゅう》で食《た》べ、空中《くうちゅう》で交《こう》尾《び》をし、湖《みずうみ》などの水面《すいめん》すれすれを飛《と》びながら水《みず》を飲《の》み、水浴《みずあ》びもします。ヨーロッパアマツバメには、なんと10か月間《げつかん》飛《と》び続《つづ》けたという記録《きろく》があります。

ただし、子育《こそだ》てだけは岩壁《がんぺき》につくった巣《す》で行《おこな》います。巣《す》は、飛《と》びながら集《あつ》めた羽毛《うもう》やかれ草《くさ》に、だ液《えき》を混《ま》ぜたものです。

しかし空中生活《くうちゅうせいかつ》に特化《とっか》しすぎて、あしが短《みじか》く歩《ある》けません。つばさがかたく、羽《は》ばたいても飛《と》び立《た》てないので、地面《じめん》に降《お》りたら飛《と》べないのです。この潔《いさぎよ》さ、たまりません。

★分類《ぶんるい》：アマツバメ目《もく》アマツバメ科《か》　★大《おお》きさ：20㎝　★分布《ぶんぷ》：ロシア、アジア

超変顔《ちょうへんがお》

深夜《しんや》の妖怪《ようかい》

ハイイロタチヨタカ

鳥類《ちょうるい》

いかく中《ちゅう》。
木《き》に擬態中《ぎたいちゅう》。

じつは、ヨタカ目《もく》はアマツバメに近《ちか》い分《ぶん》類群《るいぐん》だ。

タチヨタカのなかまは夜行性《やこうせい》で、日中《にっちゅう》は木《き》の枝《えだ》に縦《たて》にとまっているので「立《た》ちヨタカ」と名《な》がつきました。羽毛《うもう》が一見《いっけん》ぼろぼろの樹皮《じゅひ》のようで、木《き》にとまって体《からだ》を細《ほそ》くし、くちばしを上《うえ》に向《む》けてねむっていると、もう折《お》れた枝《えだ》にしか見《み》えません。

夜《よる》は、枝《えだ》にとまって獲物《えもの》の昆虫《こんちゅう》を見《み》つけると、飛《と》び立《た》ってつかまえます。大《おお》きなギョロ目《め》は、目《め》に光《ひかり》がたくさん入《はい》るので、暗闇《くらやみ》で獲物《えもの》をよく見《み》ることができ、口《くち》はまさに網《あみ》のように昆虫《こんちゅう》をとらえます。びっくりすると、口《くち》をあけ、ギョロ目《め》を見開《みひら》いて相手《あいて》をおどすのです。

この目《め》は、昼間《ひるま》に起《お》こしたり、人間《にんげん》が光《ひかり》を当《あ》てたりすると黒目《くろめ》が小《ちい》さく、黄色《きいろ》の部《ぶ》分《ぶん》が大《おお》きくなって、とても変《へん》な顔《かお》に。彼《かれ》らにとって迷惑《めいわく》な話《はなし》ですね……。

★分類《ぶんるい》：ヨタカ目《もく》タチヨタカ科《か》　★大《おお》きさ：38cm　★分布《ぶんぷ》：中央《ちゅうおう》〜南《みなみ》アメリカ

超貯食《ちょうちょしょく》

くちばしから機《き》関《かん》銃《じゅう》

ドングリキツツキ

鳥類《ちょうるい》

似《に》たような形《かたち》が集《あつ》まっているのを見《み》ると、ぞっとしてしまう「集合体恐怖症《しゅうごうたいきょうふしょう》」になりそう。

ドングリキツツキは、キツツキにしてはめずらしく、昆虫《こんちゅう》だけではなく、ドングリを食《た》べます。しかも、かれ木《き》に無数《むすう》の穴《あな》をあけ、その穴《あな》ひとつひとつに、ドングリをつめていくのです。そして食《た》べものが少《すく》ない季節《きせつ》や子育《こそだ》ての季節《きせつ》に食《た》べます。

ドングリが乾燥《かんそう》して小《ちい》さくなったら、小《ちい》さい穴《あな》にうめ直《なお》すというメンテナンスも欠《か》かせません。ドングリをぬすみにくるリスやカケスを追《お》いはらうのにも大《おお》いそがし。財産《ざいさん》を守《まも》るのも楽《らく》じゃないですね。

群《む》れでなわばりをもち、それぞれがこつこつとためるので、1本《ぽん》の木《き》に5万個《まんこ》もの穴《あな》があいていることもあるそうです。継続《けいぞく》は力《ちから》なりですが、かれ木《き》がなければ、電柱《でんちゅう》や木《き》の家《いえ》にも穴《あな》をあけます。新築《しんちく》の家《いえ》にやられたら目《め》も当《あ》てられませんね。

★分類《ぶんるい》：キツツキ目《もく》キツツキ科《か》　★大《おお》きさ：20㎝　★分布《ぶんぷ》：北《きた》〜中央《ちゅうおう》アメリカ

超落下《ちょうらっか》

自立の爪

ツメバケイ

鳥類《ちょうるい》

そのつめから中生代《ちゅうせいだい》の鳥《とり》、始祖鳥《しそちょう》の生《い》き残《のこ》りといわれたこともあったが、関係《かんけい》はない。

ツメバケイには、ひなのときだけつばさにつめがついています。そのため、漢字《かんじ》で書《か》くと「爪羽鶏《つめばけい》」という名前《なまえ》になりました。鳥《とり》のつばさは恐竜《きょうりゅう》の前《まえ》あしが進化《しんか》したものなので、大昔《おおむかし》はつめや指《ゆび》がありましたが、現在《げんざい》は退化《たいか》しています。

巣《す》は川《かわ》に張《は》り出《だ》した枝《えだ》の上《うえ》などにつくります。天敵《てんてき》のサルなどが、ひなをねらってやってくると、親《おや》ははじめのうちこそ守《まも》ってくれますが、やがてにげてしまいます。でも、ひなは巣《す》から落《お》ちて川《かわ》に着水《ちゃくすい》、泳《およ》いで岸《きし》にわたります。そして、つめを使《つか》って木《き》を登《のぼ》り巣《す》に帰《かえ》るのです。

たくましいひなに比《くら》べて、親《おや》は飛《と》ぶのもへた。ちょっと心配《しんぱい》になりますが、肉《にく》がウシのうんちのようなひどいにおいがするので、おそわれないのだそうです。

★分類《ぶんるい》：ツメバケイ目《もく》ツメバケイ科《か》　★大《おお》きさ：60㎝　★分布《ぶんぷ》：南《みなみ》アメリカ中部《ちゅうぶ》

超高速《ちょうこうそく》

安《あん》全《ぜん》な超《ちょう》特《とっ》急《きゅう》

ハヤブサ

鳥類《ちょうるい》

ヒヨドリやカモなどもとらえる。
渡《わた》りのとちゅうの鳥《とり》はかっこうの獲物《えもの》。

ハヤブサは岩《いわ》や木《き》、鉄塔《てっとう》の上《うえ》などの高《たか》い場所《ばしょ》で見張《みは》っていて、獲物《えもの》の鳥《とり》を見《み》つけると飛《と》び立《た》ちます。そして急上昇《きゅうじょうしょう》したかと思《おも》ったら、上空《じょうくう》から一気《いっき》に急降下《きゅうこうか》して、あしでつかまえたり、けって落《お》としたりして獲物《えもの》をとらえます。

ハヤブサの飛行速度《ひこうそくど》は時速《じそく》100㎞ほどですが、急降下《きゅうこうか》のときは300㎞をこえるといわれています。新幹線《しんかんせん》と同《おな》じ速《はや》さです。目《め》にゴミが入《はい》ったら致命的《ちめいてき》ですが、第《だい》3のまぶた「瞬膜《しゅんまく》」をまばたきして守《まも》ります。それに、鼻《はな》の穴《あな》の中央《ちゅうおう》に空気《くうき》をとりこみやすくする突起《とっき》があるので呼吸《こきゅう》も平気《へいき》。

狩《か》りの能力《のうりょく》が発達《はったつ》した猛禽類《もうきんるい》ハヤブサですが、最近《さいきん》のDNA《ディーエヌエー》の研究《けんきゅう》ではインコに近《ちか》いとのこと。タカっぽいと思《おも》っていたのに意外《いがい》です！

★分類《ぶんるい》：ハヤブサ目《もく》ハヤブサ科《か》 ★大《おお》きさ：♂38㎝ ♀51㎝ ★分布《ぶんぷ》：南極《なんきょく》をのぞく世界中《せかいじゅう》

超長寿《ちょうちょうじゅ》

砂漠《さばく》の奇想天外《きそうてんがい》

ウェルウィッチア

植物《しょくぶつ》

日本《にほん》では「奇想天外《きそうてんがい》」とよばれている。最大《さいだい》の株《かぶ》は高《たか》さ1.2m、直径《ちょっけい》8.7m。

若《わか》いウェルウィッチア。

ウェルウィッチアは砂漠《さばく》に育《そだ》つ植物《しょくぶつ》。たくさんの葉《は》があるように見《み》えますが、じつはこう見《み》えて葉《は》は2枚《まい》のみ。最初《さいしょ》に出《で》た葉《は》がずっとのび続《つづ》け、次第《しだい》にさけてくるのでそう見《み》えるのです。大《おお》きな葉《は》は長《なが》さ9m、はば2mにもなります。生長《せいちょう》はとてもゆっくりで、寿命《じゅみょう》は400～1500年《ねん》といわれ、2000年《ねん》になるものもあるそうです。形《かたち》も、2億年前《おくねんまえ》のジュラ紀《き》からあまり変《か》わっていないようです。

雨《あめ》がほとんど降《ふ》らない地域《ちいき》なので、海《うみ》からくる霧《きり》や地下水脈《ちかすいみゃく》から水分《すいぶん》を得《え》ます。そのため10mもの長《なが》い根《ね》をのばしています。

しかし最近《さいきん》は、若《わか》い株《かぶ》がある程度生長《ていどせいちょう》しても深《ふか》い水脈《すいみゃく》に根《ね》が届《とど》かず、かれてしまうこともあるそう。若《わか》いといっても、たぶん50年《ねん》くらいは生《い》きているんでしょうけど。

★分類《ぶんるい》：グネツム目《もく》ウェルウィッチア科《か》 ★大《おお》きさ：最大直径《さいだいちょっけい》8.7m ★分布《ぶんぷ》：アンゴラ、ナミビア

超撹乱《ちょうかくらん》

黒《くろ》い変《へん》装《そう》名《めい》人《じん》

アリグモ

昆虫《こんちゅう》

オスのアリグモは、大《おお》きすぎる大《おお》あごがあるので、あまりアリに似《に》ていなくて残念《ざんねん》。

低木《ていぼく》などにいるアリを見《み》ていて、少《すこ》し形《かたち》がちがうものがいたら、それはアリそっくりのクモ、アリグモかもしれません。

擬態《ぎたい》するのは、アリに似《に》ることで身《み》を守《まも》っているのだと考《かんが》えられています。アリは大《おお》あごや針《はり》、蟻酸《ぎさん》という武器《ぶき》をもち、有《ゆう》毒《どく》なものもいて、集団《しゅうだん》でおそいかかってくる、一目置《いちもくお》かれる存在《そんざい》だからです。以前《いぜん》は油断《ゆだん》して近《ちか》づくアリを食《た》べるという説《せつ》もあったのですが、否定《ひてい》されています。

おもしろいのは、あしの数《かず》。クモは8本《ぽん》、アリは6本《ぽん》ですが、アリグモは前《まえ》の2本《ほん》を触角《しょっかく》そっくりにしてこの差《さ》をうめています。しかし、アリグモはハエトリグモのなかま。急《きゅう》にぱっと飛《と》んで移動《いどう》したり、糸《いと》を出《だ》してぶら下《さ》がることも。せっかく、そっくりにものまねしていても台《だい》なしですね。

★分類《ぶんるい》：クモ目《もく》ハエトリグモ科《か》 ★大《おお》きさ：7～10㎜ ★分布《ぶんぷ》：本州《ほんしゅう》～南西諸島《なんせいしょとう》

超製糸《ちょうせいし》

絹の代償

カイコガ 昆虫《こんちゅう》

カイコと人間《にんげん》は絹《きぬ》の供給《きょうきゅう》と、飼育《しいく》という共生関係《きょうせいかんけい》にある。

絹《きぬ》（＝シルク）の原料《げんりょう》は、カイコガの幼《よう》虫《ちゅう》カイコがさなぎになるときの「まゆ」。保湿性《ほしつせい》、吸湿性《きゅうしつせい》、通気性《つうきせい》にすぐれ、軽《かる》くて肌《はだ》ざわりもよいので人気《にんき》のある布地《ぬのじ》です。

動物《どうぶつ》がつくる糸《いと》ですから、タンパク質《しつ》でできています。人間《にんげん》の体《からだ》とも相性《あいしょう》がいいので、人工血管《じんこうけっかん》や化粧品《けしょうひん》にも応用《おうよう》されているスーパーせんいです。

人間《にんげん》との関係《かんけい》は古《ふる》く、中国《ちゅうごく》で5000～6000年前《ねんまえ》に飼育《しいく》が始《はじ》まり、日本《にほん》にも2200年《ねん》ほど前《まえ》にわたってきました。でも飼育《しいく》の歴史《れきし》が長《なが》すぎて、もう野生《やせい》では生《い》きられません。白《しろ》い体《からだ》はすぐ天敵《てんてき》に見《み》つかるでしょうし、幼虫《ようちゅう》のあしは枝葉《えだは》につかまる力《ちから》を失《うしな》っています。成虫《せいちゅう》だって羽《はね》があっても飛《と》べません。最近《さいきん》はもふもふでかわいいと人気《にんき》ですが、大事《だいじ》にしたいものです。

★分類《ぶんるい》：チョウ目《もく》カイコガ科《か》 ★大《おお》きさ：17～20㎜ ★分布《ぶんぷ》：日本《にほん》～ヨーロッパ

超静止《ちょうせいし》

怪鳥風林火山《けちょうふうりんかざん》

ハシビロコウ

鳥類《ちょうるい》

くちばしをカタカタならす「クラッタリング」やおじぎでコミュニケーションをとる。

あまりにも動《うご》かないので「生《い》きてる?」とか「作《つく》りもの?」と言《い》われがちなハシビロコウ。動《うご》かないのには理由《りゆう》があります。

ハシビロコウが暮《く》らす沼地《ぬまち》には、ハイギョという空気呼吸《くうきこきゅう》をする魚《さかな》がいて、これが大好物《だいこうぶつ》。たまに水面《すいめん》に息《いき》をしにくるのを、じっと、ただひたすら動《うご》かずに待《ま》つのです。待《ま》ち時間《じかん》は長《なが》いですが、この獲物《えもの》に対《たい》しては効率《こうりつ》がよい方法《ほうほう》なのでしょう。

アフリカの暑《あつ》い日中《にっちゅう》にじっとしているのもたいへんですが、通《とお》ったものはヘビやワニの子《こ》ども、カエル、ナイルオオトカゲでもなんでも食《た》べてしまいます。

仙人《せんにん》のようなたたずまいですが、獲物《えもの》が大物《おおもの》のときは、けたたましいさわぎになります。気《き》も強《つよ》いようで、仙人《せんにん》にはほど遠《とお》い性格《せいかく》のようですね。

★分類《ぶんるい》:ペリカン目《もく》ハシビロコウ科《か》 ★大《おお》きさ:152㎝ ★分布《ぶんぷ》:中央《ちゅうおう》アフリカ

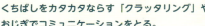

超降《ちょうこう》下《か》

弾《たん》丸《がん》ダイバー

カツオドリ

鳥《ちょう》類《るい》

群《む》れがいっせいに飛《と》びこむ漁《りょう》も行《おこな》う。魚《さかな》がパニックになってつかまえやすい。漁師《りょうし》の目《め》印《じるし》にもなってきた。

大型《おおがた》の海鳥《うみどり》カツオドリは、世界《せかい》の暖《あたた》かい海《うみ》で暮《く》らしています。陸《りく》におりるのは島《しま》で繁殖《はんしょく》するときだけ。それ以外《いがい》は海《うみ》の上《うえ》です。飛《と》びながら魚《さかな》やイカなどの獲物《えもの》を探《さが》し、10～30mの高《たか》さから一気《いっき》にダイブ。弾丸《だんがん》のように水中《すいちゅう》に突入《とつにゅう》し、ぎざぎざのついたするどいくちばしでとらえます。くちばしから頭《あたま》にかけて段差《だんさ》がないので、海中《かいちゅう》に突入《とつにゅう》するときも、衝撃《しょうげき》が少《すく》なくてすみます。人《にん》間《げん》が水《みず》に飛《と》びこむと、鼻《はな》から水《みず》が入《はい》ってたいへんですが、カツオドリは鼻《はな》の穴《あな》がないので心配《しんぱい》ご無用《むよう》。呼吸《こきゅう》は、くちばしのつけ根《ね》にある、開閉式《かいへいしき》のすき間《ま》でしています。

しかし、地上《ちじょう》ではよちよち歩《ある》きです。簡《かん》単《たん》につかまってしまうからか、かわいそうなことに英語《えいご》の名前《なまえ》は、「まぬけ」という意味の「ブービー」です。

★分類《ぶんるい》：カツオドリ目《もく》カツオドリ科《か》　★大《おお》きさ：73㎝　★分布《ぶんぷ》：温帯《おんたい》から熱帯《ねったい》

超滑空《ちょうかっくう》

風《かぜ》の旅人《たびびと》

ワタリアホウドリ

鳥類《ちょうるい》

海上《かいじょう》から飛《と》び上《あ》がるときも、上昇気流《じょうしょうきりゅう》を利用《りよう》する。

つばさを広《ひろ》げた長《なが》さでは、世界最大《せかいさいだい》の鳥《とり》、ワタリアホウドリ。記録《きろく》では3ｍ63㎝です。大《おお》きなつばさで風《かぜ》を受《う》け、10㎏をこす体《からだ》を浮《う》かび上《あ》がらせます。さらに風《かぜ》を受《う》け、上昇気流《じょうしょうきりゅう》に乗《の》って高《たか》いところまで上《あ》がり、風上《かざかみ》から風下《かざしも》に飛《と》びます。風《かぜ》を利用《りよう》して、あまり筋肉《きんにく》を使《つか》わない省《しょう》エネ飛行《ひこう》を行《おこな》っているのです。

その移動能力《いどうのうりょく》は、12日間《にちかん》で6000㎞を飛《と》んだという記録《きろく》があるほど。1日《にち》約《やく》500㎞。東京《とうきょう》〜大阪《おおさか》の直線距離《ちょくせんきょり》が約《やく》400㎞ほどなので、なかなかのものです。

残念《ざんねん》ながら羽《は》ばたくのは苦手《にがて》なので、赤道《せきどう》上《じょう》にある無風地帯《むふうちたい》を、こえられません。そのため、南半球《みなみはんきゅう》だけで見《み》られる鳥《とり》なのです。嵐《あらし》の影響《えいきょう》などで、北半球《きたはんきゅう》にきてしまったら、帰《かえ》れないかもしれません。

★分類《ぶんるい》：ミズナギドリ目《もく》アホウドリ科《か》　★大《おお》きさ：115㎝　★分布《ぶんぷ》：南半球《みなみはんきゅう》

超不死《ちょうふし》

若返《わかがえ》りの秘法《ひほう》

ベニクラゲ

刺胞動物《しほうどうぶつ》

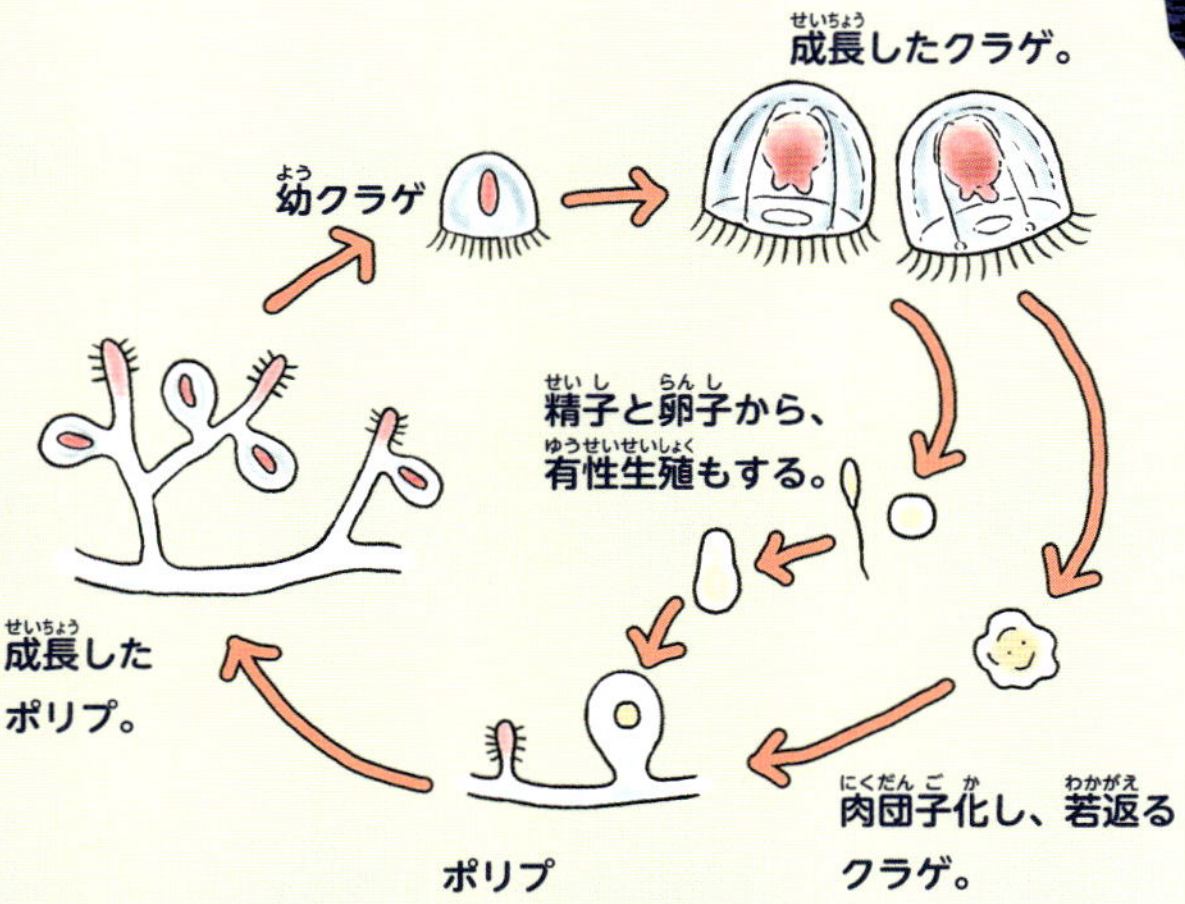

ふつう、生《い》きれば生《い》きるほど細胞《さいぼう》はおとろえる。若返《わかがえ》りのしくみは、まだなぞに包《つつ》まれている。

不老不死《ふろうふし》というと、山奥《やまおく》で修行《しゅぎょう》を積《つ》んで仙人《せんにん》になるイメージです。はたしてほんとうにあるのか⁉　じつは現実《げんじつ》に手《て》にした生《せい》物《ぶつ》がいるのです。その名《な》はベニクラゲ！

クラゲのなかまは、海底《かいてい》などについて暮《く》らすポリプという状態《じょうたい》から芽《め》が出《で》て、そこから分《わ》かれて水中《すいちゅう》をただようという成長段《せいちょうだん》階《かい》を経《へ》て、生殖《せいしょく》すると死《し》んでしまいます。

しかしベニクラゲはここからがひと味《あじ》ちがいます。死《し》にそうになると、小《ちい》さく形《かたち》を変《か》え、団子状《だんごじょう》になって、またポリプにもどることができるのです。これをくりかえせば死《し》ぬことはなく、若返《わかがえ》りと繁殖《はんしょく》をくりかえしていけます。まさに不老不死《ふろうふし》！

もちろん、食《た》べられるとアウト。復活《ふっかつ》は海水《かいすい》の状態《じょうたい》にも左右《さゆう》されるので、不老不死《ふろうふし》は、そんなにあまくはないようです。

★分類《ぶんるい》：ハナクラゲ目《もく》ベニクラゲモドキ科《か》　★大《おお》きさ：4～10㎜　★分布《ぶんぷ》：世界中《せかいじゅう》の海《うみ》

超知能《ちょうちのう》

ドクター・オクトパス

マダコ　軟体動物《なんたいどうぶつ》

水族館《すいぞくかん》でも器用《きよう》に水《すい》そうのふたをあけてしまう要注意生物《ようちゅういせいぶつ》。

海《うみ》の生物《せいぶつ》で最《もっと》も頭脳派《ずのうは》は？　と聞《き》かれたら、タコがあげられるでしょう。タコは脳《のう》が発達《はったつ》し、8本《ぽん》の腕《うで》にそれぞれ神経《しんけい》のかたまりがあり、まるで9つの脳《のう》があるかのように体《からだ》をコントロールしています。

飼育《しいく》しているタコに食《た》べものを入《い》れたビンをあたえると、くるくるふたをあけて食《た》べることができます。人類滅亡後《じんるいめつぼうご》は地球《ちきゅう》を支配《しはい》するという人《ひと》もいます。

そんな海《うみ》の頭脳派《ずのうは》ですが、神経質《しんけいしつ》なところもあり、漁師《りょうし》に聞《き》くと、タコはよごれた蛸壺《たこつぼ》には入《はい》らないし、金属製《きんぞくせい》の蛸壺《たこつぼ》を使《つか》うと居心地《いごこち》が悪《わる》いせいか味《あじ》が悪《わる》くなるんだそう。ストレスにも弱《よわ》く、水《すい》そうにたくさん入《い》れすぎると自分《じぶん》の腕《うで》を食《く》いちぎって死《し》んでしまうことも。脳《のう》が発達《はったつ》すると心《こころ》がデリケートになるのかもしれませんね。

★分類《ぶんるい》：タコ目《もく》マダコ科《か》　★大《おお》きさ：50～60㎝　★分布《ぶんぷ》：温帯《おんたい》、熱帯《ねったい》

超晩成《ちょうばんせい》

遥《はる》かなる寿命《みょう》

ニシオンデンザメ

魚類《ぎょるい》

時速《じそく》1kmと、移動速度《いどうそくど》のおそさもなかなかのもの。育《そだ》つまでに時間《じかん》がかかるので、個体数《こたいすう》も少《すく》なく、絶滅《ぜつめつ》の危機《きき》にある。

ニシオンデンザメは、ジンベエザメや、ウバザメの次《つぎ》に大《おお》きいサメで、5mをこえます。すごいのは大《おお》きさだけではなく、400歳《さい》をこえるともいわれる寿命《じゅみょう》。今《いま》400歳《さい》なら、生《う》まれたのは江戸幕府誕生《えどばくふたんじょう》と同《おな》じくらいです。陸上動物《りくじょうどうぶつ》ではガラパゴスゾウガメの175歳《さい》、水《みず》の中《なか》でも2位《い》のホッキョククジラが211歳《さい》ですから、ぶっちぎりの一番《いちばん》です。

しかし、長生《ながい》きではあるものの、1年間《ねんかん》に1㎝ほどしか大《おお》きくならないと考《かんが》えられています。とてものんびりとした成長《せいちょう》です。しかも150歳《さい》くらいで大《おお》きさ4mほどになって、はじめて子《こ》どもを産《う》むようなるとのこと。150年《ねん》も若者《わかもの》の時期《じき》があるとは、人間《にんげん》だったら反抗期《はんこうき》がえらく長《なが》くてたいへんそうです。

★分類《ぶんるい》：ツノザメ目《もく》オンデンザメ科《か》　★大《おお》きさ：5m　★分布《ぶんぷ》：北大西洋《きたたいせいよう》

超隠家《ちょうあじと》

毒《どく》のカーテン

カクレクマノミ

魚類《ぎょるい》

クマノミがいるイソギンチャクは成長《せいちょう》が早《はや》いともいわれている。

カクレクマノミは、イソギンチャクの毒《どく》のある触手《しょくしゅ》の間《あいだ》をすみかとしています。触《しょく》手《しゅ》をおそれて敵《てき》の肉食魚《にくしょくぎょ》が近《ちか》づかないので、用心棒《ようじんぼう》になってもらっているわけです。かわりにイソギンチャクの寄生虫《きせいちゅう》を食《た》べたり、イソギンチャクの触手《しょくしゅ》をねらう魚《さかな》などから守《まも》ったりする「共生関係《きょうせいかんけい》」にあります。

カクレクマノミは毒《どく》にやられないの？という心配《しんぱい》はご無用《むよう》です。表面《ひょうめん》の粘膜《ねんまく》が毒《どく》を無力化《むりょくか》しているのです。しかし、子《こ》どもはまだこの能力《のうりょく》を身《み》につけていないので、毒《どく》にやられてしまうことも。そこでカクレクマノミの親《おや》は、イソギンチャクの触手《しょくしゅ》をかじって、一部無毒《いちぶむどく》ゾーンをつくっています。共生《きょうせい》といいつつ、意外《いがい》と勝手《かって》なことをしていますが、おたがいよい関係《かんけい》でいるようです。

★分類《ぶんるい》：スズキ目《もく》スズメダイ科《か》　★大《おお》きさ：9cm　★分布《ぶんぷ》：西太平洋《にしたいへいよう》

超曖昧《ちょうあいまい》

外洋《がいよう》の浮浪雲《はぐれぐも》

マンボウ

魚類《ぎょるい》

浮《う》いているマンボウに海鳥《うみどり》がとまることも。寄生虫《きせいちゅう》をとってもらっているという説《せつ》もある。

ぼーっとしている魚《さかな》の代表《だいひょう》のように思《おも》われているマンボウ。海《うみ》の表層《ひょうそう》を、ただ流《なが》れに身《み》をまかせてただよっているように見《み》えますが、その活動《かつどう》はんいは水深《すいしん》600mまでの深海《しんかい》にもおよび、水面《すいめん》との間《あいだ》を行《い》き来《き》しているようです。

クラゲが主食《しゅしょく》といわれますが、イカやエビなども積極的《せっきょくてき》におそっているようです。海面《かいめん》から勢《いきお》いよくジャンプすることも知《し》られています。意外《いがい》と遊泳力《ゆうえいりょく》が高《たか》いアグレッシブな魚《さかな》という印象《いんしょう》ですね。

「ちょっとしたことで死《し》んでしまう」といった悪《わる》いうわさがありますが、それはウソ。ただ、海面《かいめん》で横向《よこむ》きに浮《う》いている姿《すがた》もよく見《み》られます。深海《しんかい》で冷《ひ》えた体《からだ》を温《あたた》めているといわれますが、これでは、誤解《ごかい》されるのもしかたないかもしれません。

★分類《ぶんるい》：フグ目《もく》マンボウ科《か》　★大《おお》きさ：3.3m　★分布《ぶんぷ》：温帯《おんたい》、熱帯《ねったい》

超潜航《ちょうせんこう》

脳《のう》内《ない》バラスト

マッコウクジラ

哺《ほ》乳《にゅう》類《るい》

筋肉中《きんにくちゅう》に酸素《さんそ》をたくわえるミオグロビンというタンパク質《しつ》をもち、深海《しんかい》で1時間《じかん》ほども空気呼吸《くうきこきゅう》をせずに、活動《かつどう》できる。

マッコウクジラの最大《さいだい》の特徴《とくちょう》は、全長《ぜんちょう》の3分《ぶん》の1にもなる大《おお》きく四角《しかく》い頭《あたま》。中《なか》につまっているのは、大量《たいりょう》の脂《あぶら》とワックスからなる「脳油《のうゆ》」です。クジラは音波《おんぱ》を出《だ》して獲物《えもの》や障害物《しょうがいぶつ》をさぐったり、なかまとコミュニケーションをとったりしますが、脳《のう》油《ゆ》がレンズのように音波《おんぱ》を1点《てん》に集《あつ》めて放《はな》つ役割《やくわり》をしていると考《かんが》えられています。また、マッコウクジラは多《おお》くの時間《じかん》を深海《しんかい》で生活《せいかつ》し、3200mまでもぐります。潜《せん》水《すい》していくと脳油《のうゆ》が冷《ひ》えて密度《みつど》が小《ち》さくなり、そこに海水《かいすい》が入《はい》って比重《ひじゅう》が重《おも》くなるので、潜水《せんすい》に役立《やくだ》つともいわれています。

しかし1970年《ねん》ごろまで、脳油《のうゆ》をろうそくや石《せっ》けん、灯油《とうゆ》、機械油《きかいあぶら》などの原料《げんりょう》にするため捕獲《ほかく》され、大量《たいりょう》のマッコウクジラが犠牲《ぎせい》になった悲《かな》しい過去《かこ》もあるのです。

★分類《ぶんるい》：鯨偶蹄目《くじらぐうていもく》マッコウクジラ科《か》 ★大《おお》きさ：11～18m ★分布《ぶんぷ》：世界中《せかいじゅう》の大洋《たいよう》

南《なん》極《きょく》の素《す》潜《もぐ》り王《おう》

コウテイペンギン

鳥類《ちょうるい》

水中《すいちゅう》では、かたいつばさを羽《は》ばたかせ、飛《と》ぶように泳《およ》ぐ。

最大《さいだい》のペンギン、コウテイペンギンは、鳥界《とりかい》の潜水部門《せんすいぶもん》でも皇帝《こうてい》。深《ふか》さ560m、27分間《ふんかん》ももぐったという記録《きろく》があります。ふつうの人間《にんげん》だったら1分《ぷん》ももちません。体《からだ》に酸素《さんそ》をたくわえる細胞《さいぼう》をもち、血液《けつえき》も大量《たいりょう》の酸素《さんそ》を運《はこ》べるので、体内《たいない》で酸素《さんそ》をうまく運用《うんよう》しています。さらに、水中《すいちゅう》で使《つか》わない体《からだ》の機能《きのう》を休《やす》めて心拍数《しんぱくすう》を落《お》とし、酸素《さんそ》を節約《せつやく》します。骨《ほね》もみっちりつまっていてがんじょう。水圧対策《すいあつたいさく》も万全《ばんぜん》です。

繁殖期《はんしょくき》の冬《ふゆ》には50～150kmも内陸《ないりく》の氷原《ひょうげん》に巣《す》をつくり、オスだけが抱卵《ほうらん》します。卵《たまご》を産《う》んだメスは食《た》べものを求《もと》めて海《うみ》に向《む》かい、4か月《げつ》ほどでひなに食《た》べものをあたえるためにもどってきます。そのあいだオスは絶食《ぜっしょく》です。交代《こうたい》して海《うみ》へ向《む》かうとちゅうで力《ちから》つきてしまうものもいるんだとか。

★分類《ぶんるい》：ペンギン目《もく》ペンギン科《か》　★大《おお》きさ：120㎝　★分布《ぶんぷ》：南極周辺《なんきょくしゅうへん》

さくいん

ア行《ぎょう》

サ行《ぎょう》

カ行《ぎょう》

ナ行《ぎょう》

ハ行《ぎょう》

タ行《ぎょう》

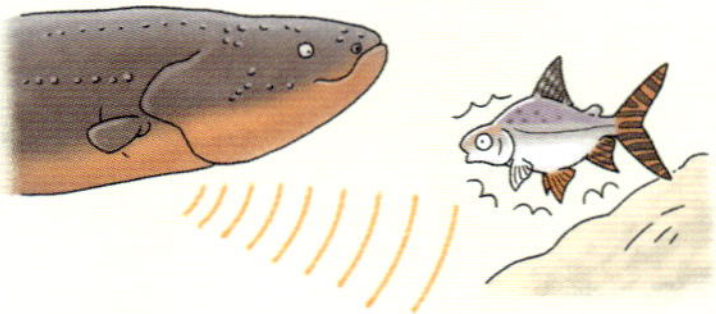

マ行《ぎょう》

ヤ行《ぎょう》

ラ行《ぎょう》・ワ行《ぎょう》

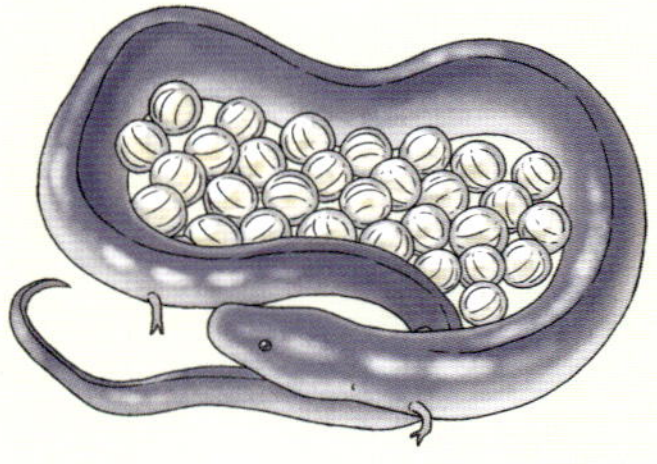

ビッグ・コロタン

ワンダーサイエンス
いきもの　がっかり超能力《ちょうのうりょく》図《ず》鑑《かん》

監修／今泉忠明
文／川嶋隆義（スタジオ・ポーキュパイン）
イラスト／小堀文彦

装幀・本文デザイン／北村直子
校閲／小学館出版クォリティーセンター、小学館クリエイティブ
制作／田伏優治
資材／斉藤陽子
宣伝／綾部千恵
販売／藤河秀雄
編集／秋窪俊郎
スタジオ・ポーキュパイン

2017年11月18日　初版第1刷発行
2018年 3 月20日　初版第2刷発行

発行人　柏原順太
発行所　株式会社 小学館
〒101-8001
東京都千代田区一ツ橋2-3-1
電話　編集：03(3230)5414
販売：03(5281)3555

印刷所　図書印刷株式会社
製本所　株式会社 若林製本工場

ISBN 978-4-09-259158-5
